Alfonso Aguiló

LUZES E SOMBRAS NA IGREJA

Pontos discutidos sobre
a história e a vida da Igreja

4ª edição

Tradução de Fernando Ricardo Salles

São Paulo
2024

Título original
Es razonable ser creyente?
50 cuestiones actuais em torno a la fe

Copyright © 2011 Quadrante Editora

Dados Internacionais de Catalogação na Publicação (CIP)

Aguiló, Alfonso
  Luzes e sombras na Igreja: pontos discutidos sobre a história e a vida da Igreja / Alfonso Aguiló; tradução de Fernando Ricardo Salles — 4ª ed. — São Paulo : Quadrante, 2024.

  ISBN: 978-85-7465-717-2

  1. Fé 2. Igreja Católica 3. Igreja Católica - História 4. Perguntas e respostas I. Título

CDD-230.2

Índice para catálogo sistemático:

1. Igreja Católica : Doutrinas : História 230.2

Todos os direitos reservados a
QUADRANTE EDITORA
Rua Bernardo da Veiga, 47 - Tel.: 3873-2270
CEP 01252-020 - São Paulo - SP
www.quadrante.com.br / atendimento@quadrante.com.br

SUMÁRIO

UMA INSTITUIÇÃO OPRESSIVA E ANTIQUADA? 7
   Superar velhos estereótipos 7
   A Igreja e o pluralismo 10

OS DOGMAS SÃO MESMO NECESSÁRIOS? 19
   Os dogmas são mesmo necessários? 19
   A Igreja não é demasiado dogmática? 21
   Por que a Igreja impõe sanções a alguns teólogos? 24
   Há intolerância na Igreja? 25
   Por que a Igreja é proselitista? 30

AS LINHAS TORTAS DE DEUS 35
   Por que Deus permite tantos erros como os que ocorreram na história da Igreja? 35

Acredito em Deus, mas não nos padres ... 41
O poder da Igreja.................................... 44
A ação social da Igreja............................ 47
As riquezas da Igreja 50

O QUE REALMENTE SE PASSOU COM A INQUISIÇÃO?........................... 55

Um conceito errado de
liberdade religiosa 55
Reconhecer os erros 62
Distinguir entre clichês e verdades 65
Miguel Servet... 71
A verdade sobre os números 74

QUAL FOI O ERRO NO CASO GALILEU? .. 77

Uma comparação 77
Uma velha controvérsia 80
A verdade sobre a condenação 83
O diálogo entre Ciência e Fé 87

COMO AGIU A IGREJA EM FACE DO NAZISMO? 89

A Santa Sé e o Holocausto 89
Uma breve recapitulação histórica 91
Uma atuação prudente e eficaz 98

O QUE HÁ DE VERDADE EM TANTAS OUTRAS "LENDAS NEGRAS"? 105
A história das missões 105
A abolição da escravatura 108
A preocupação pelos que sofrem 114
As Cruzadas 115
O escândalo dos abusos sexuais 120
Não fazer nada para não correr o risco de errar? 126

UMA ANTIGA DESCONFIANÇA EM RELAÇÃO À MULHER? 131
A mulher é inferior? 131
Por que a Igreja não ordena mulheres? ... 135

QUAL A CONTRIBUIÇÃO DO CRISTIANISMO PARA A HISTÓRIA DA HUMANIDADE? 143
Os primeiros cristãos 143
A Igreja e as invasões bárbaras 146
Luzes e sombras 147
A chaga dos totalitarismos 149
Fazendo o balanço 154

UMA INSTITUIÇÃO OPRESSIVA E ANTIQUADA?

A sátira é uma crítica que quase sempre se transforma em desculpa.
Eduardo Terrasa

Superar velhos estereótipos

– Há pessoas que sentem a necessidade de preencher a sua vida com algo espiritual, mas que se recusam a aproximar-se da Igreja por considerá-la uma instituição opressiva e antiquada.

Em muitos casos, todas essas prevenções contra a Igreja se desvanecem quando se chega a conhecê-la mais de perto. Quando se esteve muito tempo afastado, pode-se facilmente dar por verdadeiros certos estereótipos, mas, se faz-se um esforço por aproximar-se e observar as coisas pessoalmente e em primeira mão, logo se percebe que são falsos ou inexatos.

Vê-se então que a realidade é outra. Comprova-se que na Igreja há muito mais liberdade do que se pensava; que há muitos sacerdotes exemplares, inteligentes, cultos e brilhantes comunicadores; que a liturgia tem uma força e um atrativo muito maiores do que se supunha; que existe um conjunto de normas morais bastante exigentes, sem dúvida, mas que precisamente por isso são a melhor garantia de que o ser humano dispõe para alcançar a sua própria felicidade e a dos outros.

Mais ainda: a comprovação de que, mesmo diante da permissividade atual, a Igreja se nega a rebaixar o nível ético, nem cede às pressões de uns e outros, é um atrativo e um motivo de admiração extraordinários. A Igreja não quer nem pode fazer liquidações de fim de estação em assuntos de moral para assim atrair as massas. Continua a apresentar a genuína mensagem do Evangelho. Descontos e sucedâneos logo cansam. A História está cheia dos cadáveres de promotores de heresias e ideologias que cederam à tentação de acomodar-se aos erros do momento e não conseguiram absolutamente nada.

Quando se conhece a Igreja de verdade, desmascaram-se muitas falsas imagens. Descobre-se então que a moral cristã não é um conjunto de proibições e obrigações, mas um grande ideal de *excelência* pessoal. Um ideal que não se reduz a proibir isto ou aquilo, antes incita de modo positivo a fazer muitas coisas. Ser católico praticante não é apenas cumprir o preceito dominical: é algo muito maior e mais profundo. A fé coloca o cristão diante das suas responsabilidades: para consigo mesmo, para com a família e o trabalho, e também diante da tarefa de construir um mundo melhor.

A mensagem cristã não afasta os homens da construção do mundo, nem os leva a despreocupar-se do bem dos outros; pelo contrário: faz dessa preocupação um dever. Não há dúvida de que existem maus exemplos, como qualquer um pode facilmente encontrar na minha vida ou na sua. Onde existem homens, existem erros. Se homens com defeitos não pudessem fazer parte da Igreja, não haveria nela lugar algum para ninguém. Não é que gostemos desses erros — temos de procurar corrigi-los —, mas devemos considerar em primeiro lugar que a Igreja está formada por pessoas como você e como eu. Bem, talvez um pouco melhores.

A Igreja e o pluralismo

– *Qual é a sua opinião sobre o prestígio da Igreja Católica?*

A situação da Igreja Católica nos alvores deste novo milênio é um assunto de extraordinário interesse. Como escreveu o historiador José Orlandis, nunca na História a Igreja foi tão universal como agora, pela diversidade nacional e étnica dos seus fiéis; nunca o Papa teve um prestígio moral tão alto, não apenas entre os católicos, como também entre homens do mundo inteiro, que o consideram como a mais alta autoridade espiritual.

Trata-se de um fenômeno sem precedentes. Os grandes Papas medievais tinham como campo uma cristandade europeia espiritualmente compacta, mas de dimensões muito reduzidas. Hoje, a Igreja Católica possui uma inequívoca personalidade internacional, com um bilhão de fiéis, mais de 120 mil instituições assistenciais, e escolas onde se formam 50 milhões de estudantes. Além disso, mostra-se firme e coerente nos seus ensinamentos doutrinais e morais, contrastando com as instabilidades e ambiguidades de muitas confissões religiosas, que com frequência parecem naus à deriva, à mercê das ondas da moda ou dos palpites das suas bases, ansiosas por acomodar-se às preferências da opinião pública.[1]

---

1 "Para corresponder à sua verdadeira tarefa, a Igreja deve esforçar-se sem cessar por sobrepor-se à mundanidade do mundo. Assim fazendo, segue as palavras de Jesus: *Eles não são do mundo, como também Eu não sou do mundo* (Jo 17, 16). Em certo sentido, a história vem em ajuda da Igreja com as diversas épocas de secularização, que contribuíram de modo essencial para a sua purificação e reforma interior.
"Com efeito, as secularizações — sejam elas a expropriação de bens da Igreja, o cancelamento de privilégios, ou coisas semelhantes — sempre significaram uma profunda libertação da Igreja de formas de mundanidade: despojava-se, por assim dizer, da sua riqueza terrena e voltava a abraçar plenamente a sua pobreza terrena. Deste modo, a Igreja partilhava do destino da tribo de Levi, que, segundo afirma o Antigo Testamento, era a única tribo em Israel que não possuía uma patrimônio terreno, mas, como porção da herança, recebera em sorte exclusivamente o próprio Deus, a sua

– *Alguns afirmam que há na Igreja pouco pluralismo, porque todos os que manifestam sincera e honestamente o seu desacordo com a doutrina oficial são removidos dos seus postos.*

Não duvido de que as pessoas que tenham sido atingidas por tais sanções tenham chegado de forma sincera às opiniões que se afastam do Magistério da Igreja, nem tampouco que as defendam honestamente. O que me pareceria pouco honesto seria que quisessem continuar a ensinar essas opiniões não-católicas nas igrejas, nas escolas ou na catequese da Igreja Católica.

---

palavra e os seus sinais. Com essa tribo, a Igreja abraçava naqueles momentos da história a exigência de uma pobreza que se abria para o mundo, para se apartar dos seus laços materiais, e assim também a sua ação missionária voltava a ser crível" (Bento XVI, *Discurso no Konzerthaus de Freiburg aos católicos atuantes*, 25.09.2011). Todas as notas destas páginas são do Editor.

Um homem que ganhe a vida como representante de uma empresa, de uma fundação, de um partido político, de um sindicato etc., pode mudar de opinião e tornar-se um sincero e honesto colaborador de outra empresa, partido ou sindicato, e lá defender retamente as suas ideias. O que não seria nada decoroso nem reto é que quisesse continuar como representante de uma dessas organizações sendo partidário da política de outra, e ainda por cima recebendo o ordenado da entidade que ele ataca.

Ora, a Igreja é uma instituição fundada unicamente para ensinar a Verdade trazida por Jesus Cristo e santificar as almas por meio dos sacramentos que Cristo instituiu. Quando retira a permissão para ensinar em seu nome de uma pessoa que ensine ou pratique o contrário, não faz mais do que usar de bom-senso.

– *Mas a Igreja poderia ser mais sensível às propostas de mudança, mesmo quando partem de alguns dos seus próprios membros...*

Parece-me que a Igreja é uma instituição em que há uma grande pluralidade de opiniões, e em que se pode falar com mais liberdade do que na maioria das instituições do nosso tempo. Mas a Igreja prega o cristianismo tal como o recebeu de Jesus Cristo, e não como certos grupos — pequenos ou grandes, de uma época ou de outra — gostariam que fosse.

Está vinculada a uma herança que recebeu por Revelação, de modo semelhante — para usar um exemplo — ao de como um cientista está vinculado *ao resultado das suas pesquisas*, isto é, aos dados experimentais que a realidade lhe fornece. O cientista não tem o direito de dizer o que lhe agrada, mas aquilo que observa, mede ou comprova. Todos os homens estão submetidos à verdade: tanto à verdade que lhes agrada mais, como à que lhes agrada menos.

Quando um cientista obtém uns dados experimentais que não combinam com a teoria científica admitida nesse momento, isso obriga-o a repensar as suas hipóteses e assim encaminha-o para novos conhecimentos. A ciência progride justamente porque os cientistas não descartam nem escondem os fenômenos que contradizem as teorias vigentes, mas continuam a pesquisar até darem com uma solução, demore o tempo que for.

De modo semelhante, guardadas as distâncias, o conhecimento cristão progride em grande parte graças ao desafio que algumas das verdades reveladas trazem dentro de si, mesmo que à primeira vista pareçam difíceis de compreender ou aceitar. Assim como o cientista está vinculado aos *dados experimentais*, o cristão e o teólogo estão vinculados aos *dados da Revelação*.

Se nos primeiros séculos os cristãos tivessem resolvido rejeitar a afirmação de Cristo de que Deus é Pai, Filho e Espírito

Santo, sem que por isso haja três deuses, só porque essa afirmação lhes parecia incompreensível ou difícil de aceitar, hoje talvez tivéssemos uma religião parecida com o maometanismo, mas certamente não teríamos uma religião cristã.

Foi ao preço de várias heresias, de muita discussão teológica, de muito estudo e de diversos Concílios que se chegou a formulações dessa verdade que, sem deixar de ser um mistério, não contradissessem a razão — a doutrina da Santíssima Trindade —, o que por sua vez abriu enormes perspectivas à teologia. Mas, se esses cristãos que nos antecederam tivessem simplesmente escamoteado essas dificuldades, teriam sido como um cientista desonesto que "retocasse" os dados do laboratório para ajustá-los à sua teoria preferida.

OS DOGMAS SÃO MESMO NECESSÁRIOS?

*A maior sabedoria humana
é saber que sabemos muito pouco.*
Sócrates

Os dogmas são mesmo necessários?

– É necessário que a Igreja tenha dogmas, e uma autoridade e um Magistério? Não bastaria que cada qual procurasse viver o que Jesus Cristo disse e o que está na Bíblia?

Isso que você acabou de dizer é precisamente a tese protestante da *sola Scriptura*, segundo a qual toda a Revelação estaria contida unicamente no texto sagrado. No entanto, se trata-se de viver o que está nesse texto, convém ter presente que nele se diz claramente que Jesus Cristo fundou a Igreja (por exemplo, em Mt 16, 16-19; Mt 18, 18 etc.). E, postos a dar também algumas razões de ordem prática, convém ter presente que, desde os tempos de Lutero até hoje, já surgiram mais de 25 mil denominações protestantes diferentes, e que atualmente aparecem cinco novas por semana, num processo progressivo de desconcerto e atomização.

Por isso, tem razão Scott Hahn quando escreve que uma Sagrada Escritura sem a Igreja seria como se os fundadores do Estado norte-americano tivessem promulgado a Constituição acrescentando apenas uma recomendação genérica do tipo "que o espírito de George Washington guie cada cidadão", sem prever o governo, o Congresso e o sistema judicial necessários para aplicar e interpretar esse texto básico. Se tomar essas medidas é imprescindível para governar um país, também o é para governar uma

Igreja que abarca o mundo inteiro. Por isso, é bastante lógico e prático que Cristo nos tenha deixado a sua Igreja, dotada de uma Hierarquia — com o Papa, os bispos, os Concílios etc. —, a fim de que se pudesse aplicar e interpretar a Sagrada Escritura.

A Igreja não é demasiado dogmática?

– *Mas propor dogmas não é cair irremediavelmente no dogmatismo, em atitudes dogmáticas?*

Existe uma grande diferença entre ser dogmático e acreditar firmemente numa coisa. Os dogmatismos nascem quando os dogmas são "impostos", e não quando são "propostos". A Igreja dirige-se ao homem no mais pleno respeito à sua liberdade. O que faz é explicitar verdades contidas nos textos sagrados; não cria novas verdades.

Ora, crer é uma consequência da natural procura da verdade: é uma busca em que nenhum homem deveria deixar de empenhar-se. Pelo contrário, ser dogmático — caricatura do respeito que se deve aos dogmas — é o que levou alguns homens a cair em diversos fanatismos ao longo da História, muitas vezes em nome de ideologias falaciosas.

– Seja como for, em alguns ambientes existe um certo descontentamento diante de posições da Igreja consideradas excessivamente radicais.

Esse descontentamento está restrito a âmbitos bastante limitados. Quase todo o mundo entende que a Igreja deve seguir um Direito e manter um mínimo de disciplina. Uma Igreja cuja fé se limitasse a um simples equilíbrio ou conglomerado das opiniões dos seus membros não seria propriamente uma Igreja, mas um mero ponto de encontro para um certo número de preferências particulares: um clube, na melhor das hipóteses.

Certamente há na Igreja uma unidade clara e firme. Mas trata-se de uma unidade que não exclui a pluralidade de pensamentos ou escolas, que não nos obriga a caminhar todos ao mesmo passo. Uma grande unidade, mas compatível com uma grande diversidade, capaz de exprimir-se em muitas línguas, de enraizar-se em nações e povos os mais diversos, e de acolher as legítimas tradições de muitos lugares. A Igreja Católica sempre levou em conta a diversidade própria da cultura humana.

A título de exemplo, o prólogo do *Catecismo da Igreja Católica* chama a atenção para a necessidade de que a sua doutrina se adapte às diversas e ineludíveis exigências de cada lugar, entre as quais inclui as que dimanam das diferentes culturas. A Igreja transcende a História, mas ao mesmo tempo insere-se nela. Por isso, sempre ressalta os valores positivos que há em qualquer construção cultural, o que não significa que não exija que se rompa com hábitos ou modos de pensar incompatíveis com a fé católica.

Por que a Igreja impõe sanções a alguns teólogos?

– Se a verdade cristã não deve ser imposta, como se explica que a Igreja imponha sanções a teólogos que sustentam posições demasiado "inovadoras"?

Qualquer pessoa, seja ou não católica, entende que a Igreja — como qualquer outra instituição que não queira acabar na mais lamentável das confusões — deve tomar as medidas necessárias para garantir que as pessoas que a representam exponham fielmente a sua doutrina. E embora essa doutrina seja compatível com a evidente multiplicidade do pensamento cristão, há coisas que não são pluralismo, mas contradição.

Faz parte da missão da Igreja verificar se uma linha de pensamento ou de expressão da fé pertence ou não à verdade católica. Para manter essa "garantia de qualidade", é necessário que haja um Direito e uma autoridade que julgue de acordo com esse Direito, e depois cuide de aplicar as suas decisões.

É preciso dizer que os procedimentos judiciais da Igreja são muito mais respeitosos e compreensivos do que os que são usuais no mundo judicial civil. Basta ler o Código de Direito Canônico para ver que a Igreja não é uma instituição submetida à arbitrariedade. Há um respeito enorme pelo direito das pessoas, mesmo à custa de se incorrer às vezes numa certa lentidão.

Há intolerância na Igreja?

– Mas não é uma intolerância da Igreja condenar, em certos casos, ações ou atitudes socialmente aceitas sem levar em conta as opiniões dos que as defendem?

Felizmente, ser tolerante não é concordar com a opinião dos outros em tudo, nem deixar de manter as convicções próprias por estarem fora de moda. Essas duas atitudes seriam um bom modo de chegar em pouco tempo a não ter nenhuma ideia própria na cabeça. Ser tolerante é reconhecer e respeitar o direito dos outros de pensar de maneira diferente em tudo o que não afete a fé e a moral. E é o que a Igreja faz.

Por outro lado, a tolerância e o respeito ao legítimo pluralismo nada têm a ver com uma espécie de relativismo que afirme não existir nada que possa ser considerado intrinsecamente bom e universalmente vinculante. Se não houvesse coisas claramente más e que não devem ser toleradas, ninguém poderia, por exemplo, recriminar legitimamente Hitler pelo genocídio dos judeus.

Não se deve esquecer que esse genocídio foi perpetrado dentro das amplas margens da "justiça" e da "lei" nazistas, estabelecidas a partir de eleições democráticas realizadas de forma correta. O problema é que, se não há referência a uma verdade objetiva, os critérios morais carecem de base sólida, e cedo ou tarde a verdade acaba por cair nas mãos dos que mandam. Se faltam referências permanentes, basta uma série de intervenções nos principais meios de comunicação para produzir a impressão de que o sentimento popular exige isto ou aquilo, e portanto todos têm que se adaptar.

Por outro lado — como apontou Giacomo Biffi —, talvez seja bom lembrar, aos que consideram a Igreja pouco tolerante, que o fenômeno histórico da intolerância, manifestado tragicamente na matança de inocentes em massa, irrompeu precisamente com a chegada do Iluminismo, que materializou na política a separação entre a razão e a fé. O princípio de que é lícito suprimir grupos humanos inteiros unicamente por serem considerados um obstáculo à imposição de determinada ideologia, foi aplicado pela primeira vez na História em 1793, com o incessante trabalho da guilhotina na Revolução Francesa e com o massacre de camponeses católicos na região da Vendeia, na França. Os frutos mais amargos dessa semente política surgiram no século XX, o século mais sangrento da História, pelas mãos dos totalitarismos ateus: o massacre dos camponeses russos levado a cabo pelos bolcheviques, o genocídio nazista, as matanças que os comunistas levaram a cabo no Camboja etc.

– Admito que as sociedades com fundamentos cristãos sejam efetivamente mais tolerantes que as ateias, mas não confio tanto assim na tolerância dos cristãos individualmente.

Não posso responder pelas virtudes de cada cristão, mas acho que, se as pessoas têm convicções religiosas arraigadas, é mais difícil que incorram em atitudes intolerantes. Apenas a título de exemplo, citemos um dado significativo: numa enquete feita recentemente nos Estados Unidos pelo Instituto Gallup para a revista *First Things*, em que a religiosidade dos entrevistados foi medida numa escala de 0 a 12, detectou-se que o segmento mais religioso (o chamado *"highly spiritually committed"*, "intensamente comprometidos com uma religião", que abrangia 13% da população) era o "das pessoas mais tolerantes, com mais inclinação para obras de caridade, mais preocupadas com a melhora da sociedade, e mais felizes".

Quem acredita que é vontade de Deus que se respeitem as convicções dos outros tem mais recursos pessoais para respeitar os direitos humanos, defender a liberdade religiosa e proteger o santuário da consciência numa sociedade civil e livre. De qualquer modo, se há algum católico mais ou menos intolerante, a culpa é dele, não da Igreja.

Por que a Igreja é proselitista?

– A Igreja diz que não se pode aderir à fé cristã a não ser livremente, mas depois faz proselitismo. Alguns acham que isso é uma violência, pois é querer levar uma doutrina a quem não pediu nada.

Se essa argumentação fosse válida, seria preciso proibir também a publicidade, porque oferece coisas que ninguém pediu. Levada ao extremo, essa lógica poderia acabar com boa parte da liberdade de expressão.

O apostolado cristão é dar testemunho daquilo que uma pessoa considera ser a verdade, sem fazer violência a ninguém. Não é de modo algum uma imposição. A verdade cristã não deve impor-se senão *pela força da própria verdade*. Portanto, a conversão de uma pessoa — ou a sua vocação para uma determinada instituição da Igreja — deve proceder de um dom de

Deus, ao qual só se pode corresponder mediante uma decisão pessoal e livre, que deve ser tomada sem coação nem pressões de nenhum tipo.

É neste sentido que desde tempos antigos a tradição cristã vem falando de propagar a fé e de fazer proselitismo, referindo-se ao zelo apostólico que leva a anunciar a mensagem do Evangelho e a incorporar novos fiéis à Igreja ou a alguma das suas instituições. Qualquer outra interpretação que associasse a palavra "proselitismo" à violência, à coerção, à pressão sobre a consciência ou à manipulação da liberdade implicaria modos de agir completamente alheios ao espírito cristão e totalmente reprováveis, como é óbvio. Mas o desejo de propagar a fé que se professa e de fazer proselitismo, desprovido dessas conotações negativas, é perfeitamente legítimo.

Se negássemos às pessoas a liberdade de ajudar outras a encaminhar-se para o que se considera ser a verdade, cairíamos numa perigosa forma de intolerância. Por isso, é preciso respeitar — dentro dos limites apropriados — a liberdade de manifestar as ideias próprias e a liberdade de desejar por meio delas convencer outras pessoas. Afinal de contas, isso faz parte da essência do que se chama educação, publicidade ou política, e é um direito básico cada vez mais reconhecido, tanto nas instâncias jurídicas como nas sociológicas.

A liberdade religiosa pertence à essência da sociedade democrática e é um dos pontos fundamentais em que se verifica o progresso autêntico do homem em qualquer regime, sociedade ou sistema. Todos os atentados contra essa liberdade, diretos ou consentidos, são sempre sintomas de um totalitarismo mais ou menos disfarçado. Cercear o direito de exprimir e de propagar as ideias ou crenças próprias seria retornar a um perigoso sistema repressivo típico dos regimes autoritários, que restringem a liberdade religiosa como se fosse algo subversivo, talvez com o propósito de arrancar da Igreja a coragem e o ímpeto de que ela necessita para empreender a sua tarefa evangelizadora.

AS LINHAS
TORTAS DE DEUS

*É melhor andar mancando dentro
do caminho do que avançar a passos largos
fora dele. Pois quem manca no caminho,
embora avance pouco, aproxima-se
da meta; ao passo que quem avança fora dele,
quanto mais corre, mais se afasta.*
Santo Agostinho

*Por que Deus permite tantos
erros como os que ocorreram
na história da Igreja?*

Nos anos seguintes à Primeira Guerra Mundial — conta o historiador José Orlandis —, um jovem chamado Gétaz, que ocupava um alto cargo dentro do socialismo suíço, foi encarregado pelo seu partido de elaborar um dossiê para uma campanha que se pretendia lançar contra a Igreja Católica.

Gétaz pôs mãos à obra com a seriedade e o rigor próprios de um helvético, e juntou uma grande quantidade de testemunhos, estudou a doutrina católica e a história do cristianismo desde os seus primeiros séculos, de modo que em pouco tempo conseguiu reunir uma amplíssima documentação.

O resultado de tudo isso foi bastante surpreendente. Pouco a pouco, o jovem político foi-se convencendo de que a Igreja Católica não podia ser invenção dos homens. Dois mil anos de negações, abalos, cismas, conflitos internos, heresias, erros e transgressões do Evangelho tinham-na deixado, se não intacta, pelo menos de pé. As próprias deficiências humanas que nela se observavam ao longo de vinte séculos — sempre entremeadas de exemplos insignes de heroísmo e santidade — pareceram-lhe um argumento em favor da sua origem divina: "Se não tivesse sido feita por Deus — concluiu —, teria que ter desaparecido mil vezes da face da terra".

O desenlace de todo o episódio foi muito diferente do que os chefes do partido tinham imaginado. Gétaz converteu-se ao catolicismo, fez-se frade dominicano e, na sua cátedra do *Angelicum*, em Roma, lecionou durante muitos anos precisamente sobre as notas da verdadeira Igreja de Jesus Cristo. As suas aulas eram muito interessantes por serem em boa medida como que um relato autobiográfico, um eco do itinerário da sua própria conversão.

– Mas muitos outros reagem de forma bem diferente diante das misérias dos membros da Igreja. Se Deus pode tudo, por que não preservou pelo menos os ministros da sua Igreja de tantos vícios? Teria sido bem melhor...

Se Jesus Cristo tivesse que contar apenas com ministros total e permanentemente bons, ver-se-ia obrigado a realizar constantemente pequenos ou grandes milagres em torno dessas pessoas. Teria que intervir cada vez que uma delas fosse cometer algum erro. E não parece que isso seja o melhor, entre outras razões porque as privaria da devida liberdade.

Por outro lado, mesmo que ao longo dos séculos os homens que fizeram parte da Igreja Católica tenham apresentado muitas deficiências humanas, é preciso dizer que estamos diante de uma instituição de reconhecido prestígio moral em todo o mundo.

É verdade que esse prestígio se vê às vezes ensombrecido pelas fraquezas de alguns dos seus membros. Acontece, porém, que há hoje mais de um bilhão de católicos e quase um milhão e trezentos mil sacerdotes e religiosos (sem contar os que viveram no passado), e é natural que, entre tantas pessoas, haja de vez em quando quem cometa deslizes.[2]

Para sermos justos, teríamos que olhar mais de perto a ingente multidão de católicos que, ao longo de vinte séculos, se esforçaram dia após dia por viver cabalmente a sua fé e ajudar os outros. Além disso, seria preciso reparar também na figura de todos

---

[2] Pensemos, por outro lado, a Igreja existe precisamente para os pecadores. *Não são os que gozam de boa saúde que precisam de médico, mas os enfermos; não vim salvar os justos, mas os pecadores*, diz o Evangelho (Mc 2, 17). Por isso, seria muito estranho se os seus membros não fossem pecadores, embora em estágios diversos de conversão.
O professor de filosofia americano Peter Kreeft, convertido do calvinismo, comenta acerca do instante da sua conversão para a Igreja Católica: "Naquele momento compreendi que eu era um paralítico, e dei graças ao «hospital» católico (afinal, é isso o que é a Igreja: um imenso hospital) por vir ao encontro das minhas necessidades". Pode-se ver a íntegra deste relato em *Jornadas espirituais*, Quadrante, São Paulo, 1998.

esses párocos que permanecem em aldeias de onde quase todos os habitantes debandaram. E no sacrifício de tantos religiosos e religiosas que deixaram tudo para irem servir os deserdados da fortuna, tanto em longínquas terras de missão como nesses outros lugares esquecidos de todos (mas dramaticamente próximos: os orfanatos, os asilos, as prisões...); quase sempre, o seu sacrifício só é visto por Deus.

"Dispersos pelas paragens mais agrestes ou hostis do mapa — diz um autor —, uma legião de homens e mulheres de aparência muito humana e de espírito sobre-humano contemplam cada dia o rosto de Deus nos rostos crivados de moscas dos moribundos, nos rostos intumescidos dos enfermos, nos rostos chagados dos famintos, nos rostos quase transparentes dos que vivem sem fé nem esperança. São homens e mulheres franzinos, em cujos corpos enfermiços reside uma força sobrenatural, um incêndio de benditas paixões que mantêm a temperatura do universo. Descobriram um dia que Deus não era invisível, que o seu rosto se copia e multiplica no rosto das criaturas que sofrem, e decidiram sacrificar a sua vida pela salvação de outras vidas; decidiram oferecer a sua vocação nos altares da humanidade desenganada. Se se desse à epopeia anônima e cotidiana desses missionários a mesma atenção que se dá aos escândalos tão alardeados de vez em quando, não haveria papel suficiente no mundo para escrevê-la."

Acredito em Deus, mas não nos padres

– Apesar de tudo isso, muitos dizem que acreditam em Deus, sim, mas não nos padres, e que não veem por que devem fazer caso do que diz a Igreja.

Quanto a isso de acreditar em Deus e não nos padres, estamos totalmente de acordo. E justamente porque a fé tem por objeto Deus, e não os padres, é preciso distinguir bem entre a santidade da Igreja e os erros das pessoas que a compõem.

A Igreja não tem o seu centro na falta de santidade das pessoas que tenham podido dar mau exemplo, nem na santidade das que dão bom exemplo, mas em Jesus Cristo. Por isso, não faz muito sentido deixar de acreditar na Igreja porque tal ou qual pároco é antipático ou pouco exemplar, ou porque tal ou qual personagem eclesiástica do século XVI cometeu esta ou aquela barbaridade. Não há quem não se incomode com a falta de coerência dos que não dão bom exemplo. E o próprio Deus disse — como podemos ler no Novo Testamento — que vomitaria da sua boca esse tipo de pessoas.

Mas se um padre — ou muitos, ou quem quer que seja — se comporta mal num determinado momento ou sempre, isso não deveria levar nenhuma pessoa sensata a perder a fé. É doloroso para mim, como pessoa e como católico, observar que houve cristãos — leigos, sacerdotes ou bispos — que erraram, que fizeram coisas mal feitas, ou até muito mal feitas, mas nada disso tem por que fazer-me perder a fé ou pensar que essa fé já não é a verdadeira. Entre outras coisas, porque, se eu fosse perder a fé numa afirmação cada vez que visse comportar-se mal a pessoa que a garante, provavelmente já não acreditaria em nada.

Por outro lado, parece-me ainda mais triste que alguém lance mão dessas infelizes atuações de certos eclesiásticos para justificar uma atitude pessoal que não passa de simples comodismo, ou para não fazer caso de algumas das suas próprias claudicações morais, que não está disposto a corrigir. Usar como escudo a conduta de um ou outro padre para não viver segundo uma moral que custa aceitar é — além de uma atitude clerical — algo lamentável.

Pessoalmente, posso dizer, com muitíssimas outras pessoas das minhas relações, que ao longo da minha vida conheci sacerdotes excepcionais. Sei que nem toda a gente foi tão afortunada. O meu conselho é este: se você teve algum problema com um sacerdote de caráter difícil, ou que talvez tenha tido um dia ruim e o tratou de maus modos, ou não chegou a compreendê-lo, ou não lhe deu bom exemplo etc..., não abandone Deus por causa dessa experiência ruim com um dos seus representantes. Ninguém é perfeito — muito menos nós dois —, e temos que aprender a perdoar... e a não atribuir a Deus as culpas da atuação livre das pessoas.

O poder da Igreja

– *Bem, e o que você acha do poder civil e político da Igreja, que foi tão marcante durante séculos?*

Antes de mais nada, devo insistir em que não tenho inconveniente em admitir que houve atuações e mentalidades errôneas em povos cristãos, nas quais personagens eclesiásticas frequentemente estiveram envolvidas.

No entanto, para sermos justos, convém situar esses fenômenos nas suas adequadas coordenadas históricas, tendo em conta todos os condicionalismos de cada época. Por exemplo, muitos desses erros aos quais você se refere foram consequência da enorme pressão que os poderes civis exerceram no intuito de intervir na Igreja e fazer dela um instrumento de luta política. Que alguns eclesiásticos tenham cedido a essa intromissão, ou não a tenham podido evitar, ou tenham sido intoxicados pela mentalidade predominante em determinada época, foi sem dúvida um erro, mas um erro que deve ser julgado no contexto sociocultural dessa época específica. Caso contrário, é fácil incorrer numa visão extremamente anacrônica, pois não podemos pretender que os homens do século XVI pensassem como os do nosso século XXI.

A única época que não criticamos — aponta Jean Marie Lustiger — é a nossa, porque nos parece evidente. O que nos parece mais acertado e sensato é o que pensamos atualmente, mas basta uma perspectiva de cinquenta ou cem anos para que se veja de modo palpável como os nossos pontos de vista são relativos, apesar de na época terem sido considerados os mais razoáveis.

Seria, pois, um anacronismo julgarmos uma sociedade, uma época anterior, a partir de uma ótica que hoje nos parece ideal, sem levar em conta as diferenças de contexto histórico, como se estivéssemos à margem da História e fôssemos seus juízes.

Feita esta ressalva, insistiria apenas em que não caiamos numa visão simplista da História. É triste que tenham ocorrido covardias, erros e pecados. Mas a vida dos homens é uma história de pecado e perdão da qual ninguém ficou isento, nem mesmo os cristãos sinceros e desejosos de santidade. E isso são coisas da vida, não da Igreja.

A ação social da Igreja

– Algumas pessoas consideram a ação social da Igreja pouco eficaz.

E outros dizem que essa preocupação social é uma ingerência indevida. Parece que, se a Igreja empreende essa ação, é acusada de executá-la mal; se não a empreende, afirma-se que é passiva; e quando só dá conselhos, criticam-na por ser ineficaz. Já se vê que não é fácil agradar a todos. Ainda mais quando essas críticas muitas vezes não passam de simples estratégias para tentar negar à Igreja qualquer legitimidade nas suas atuações.

No entanto, eu pediria a esses críticos que mostrassem o que eles fizeram nessa matéria. Ou que apontassem instituições que ao longo da História tenham prestado um serviço social comparável ao que a Igreja Católica prestou. O que a Igreja tem feito através das suas instituições no campo da educação, no cuidado dos enfermos, dos deficientes, dos marginalizados, dos necessitados etc., demonstra uma preocupação efetiva pelos menos favorecidos que é realmente difícil de igualar.

Aliás, o que a Igreja faz fundamentalmente é conclamar os cristãos — e todos os homens de boa vontade que a queiram escutar —, a assumirem a sua própria responsabilidade na tarefa de iluminar com a luz da fé todas as realidades humanas. A Igreja como tal não indica soluções concretas nem únicas para os problemas políticos ou econômicos: apenas oferece diretrizes para o autêntico desenvolvimento do homem e da sociedade.

E isto é importante porque, embora haja certamente cálculos políticos errados ou decisões econômicas imprudentes, por trás dos principais problemas que afligem a humanidade há sempre uma ressonância de caráter ético, que remete para atos concretos de egoísmo nas pessoas. Todas essas situações de crise poderiam ser muito aliviadas se a mensagem cristã impregnasse mais profundamente a vida dos homens.

O cristianismo — escreve Ignacio Sánchez Cámara — constitui a raiz dos principais valores que sustentam a nossa civilização, incluídos os valores professados por aqueles que, talvez por ignorância, o combatem. Em cada um dos males que nos oprimem é fácil diagnosticar a ausência clamorosa de um valor cristão desprezado ou ausente: no terrorismo, na violência, na guerra, na corrupção, na falta de solidariedade, no materialismo...

E, se passarmos do âmbito da moral para o da cultura, seria preciso lembrar não apenas o papel do cristianismo na sobrevivência e difusão da cultura antiga clássica, mas também a sua participação na criação das mais elevadas obras: desde as catedrais até o canto gregoriano, desde a mística até Bach.

Pode-se dizer que o abandono da religiosidade é uma das causas fundamentais da degradação da cultura contemporânea, e que o cristianismo constitui um poderoso instrumento para melhorar o mundo. Impedir a difusão social dos princípios cristãos é privar os homens não somente de uma esperança de salvação, como também de todo um arsenal de princípios que lhes permitem crescer em excelência e dignidade.

As riquezas da Igreja

– E o que você tem a dizer sobre o enorme patrimônio da Igreja Católica?

A Igreja construiu — e continua a construir e gerir — templos, hospitais, dispensários, orfanatos, seminários, escolas e outros edifícios, os que em cada momento eram considerados adequados para melhor cumprir a sua missão.

Tudo isso foi compondo um patrimônio que nasceu em cada caso para promover o culto e a evangelização e que, por grande que possa parecer — afinal, foi sendo acumulado ao longo de dois mil anos —, não é uma importante fonte de recursos, mas justamente o contrário. No melhor dos casos, a sua renda equilibra os gastos de manutenção. Têm sobretudo um valor de uso, que é o que costuma justificar a sua existência.

– Mas alguns desses edifícios agora valem muito no mercado imobiliário, e há museus com obras de grande valor artístico. A Igreja poderia vender tudo isso e dá-lo aos pobres.

É verdade que a Igreja possui coisas de grande valor, mas são muito difíceis de serem comercializadas. Para já, a maioria dos Estados proíbe a venda de bens de valor cultural. Além disso, a quem a Igreja iria vender uma catedral, ou a igreja românica de um povoado..., ou até os célebres Museus Vaticanos? Isso seria como pedir ao ministro da Fazenda da França que enxugasse o déficit público anual do país vendendo todos os quadros do Museu do Louvre: não acho que a história viesse a julgar acertada semelhante operação.

– E por que os lugares de culto ostentam materiais de tanto valor?

As pessoas que se amam oferecem umas às outras presentes de valor, mesmo que lhes custem sacrifícios (ou talvez precisamente por isso). As pessoas adornam-se com anéis de ouro... Por que proibi-las de oferecer coisas valiosas para o culto de Deus ou para uma imagem que veneram?

– Mas essas coisas dão à Igreja uma imagem de riqueza e opulência...

Seria uma visão superficial. Precisamente por não ser rica, a Igreja tratou de conservar melhor o seu patrimônio. Por exemplo, as instituições civis costumam ter dinheiro de sobra, e trocam com frequência as poltronas dos seus vereadores ou deputados, coisa que não ocorre, por exemplo, com os cadeirais de uma catedral, que duram séculos. Ter muito dinheiro faz com que as coisas sejam trocadas a cada passo e percam o seu valor histórico.

A Igreja dispõe de alguns bens, que usa para poder cumprir com eficácia os seus fins, e cuida de administrá-los o melhor que pode e sabe, conforme a sua situação econômica em cada momento. Isto hoje em dia é tão claro, que são poucos os que sustentam seriamente que a Igreja esteja nadando em dinheiro, ou que os padres gozam de grandes comodidades e altos salários. É um velho lugar-comum que felizmente vai caindo no esquecimento.

Para um anticlerical, a Igreja sempre estará do lado dos aproveitadores, e ele não deixará passar nenhuma ocasião de pedir-lhe que se recuse a receber as mesmas subvenções que recebem até as mais fraudulentas organizações, por mais extravagantes ou de fachada que sejam as suas finalidades.

O anticlericalismo tem razões que a própria razão desconhece. Tratando-se da Igreja, atribui-se o bem a uma parte dela, e o mal ao todo. A patologia é velha, demasiado velha.

O QUE REALMENTE SE PASSOU COM A INQUISIÇÃO?

> *Mesmo que possuísses cem belas qualidades, as pessoas olhar-te-iam pelo lado menos favorável.*
> MOLIÈRE

Um conceito errado de liberdade religiosa

A origem da Inquisição[3] remonta ao século XIII. O primeiro tribunal para julgar delitos

---

[3] Sobre todo este tema, é muito elucidativo ler Daniel-Rops, *A Igreja das catedrais e das cruzadas*, cap. XIII, par. "A Inquisição, tribunal de salvação pública", in col. História da Igreja de Cristo, vol. III, Quadrante, São Paulo, 1993; João Bernardino Gonzaga, *A Inquisição em seu mundo*, 7ª. ed., Ed. Saraiva, São Paulo, 1994.

contra a fé foi constituído na Sicília no ano de 1223. Naquela época, surgiram na Europa diversas heresias que em pouco tempo tiveram uma ampla difusão. Inicialmente, tentou-se fazer com que os seus propagadores mudassem de atitude mediante a pregação pacífica, mas depois foram combatidos formalmente. Essas eram as circunstâncias quando nasceram os primeiros tribunais da Inquisição.

– *Mas não é um contrassenso perseguir a heresia dessa maneira?*

É. Mas não se deve esquecer a estreita vinculação que houve ao longo de muitos séculos entre o poder civil e o eclesiástico. Se se perseguiu a heresia com tanta contundência, foi sobretudo porque causava uma forte perturbação da paz social.

– *E como é possível que um erro desses tenha durado tanto tempo?*

Cada época caracteriza-se tanto pelas suas intuições como pelos seus ofuscamentos. A História mostra como povos inteiros permaneceram durante períodos muito longos mergulhados em erros surpreendentes. Basta recordar, por exemplo, que durante séculos se considerou normal a escravidão, a segregação racial ou a tortura, e que infelizmente ainda hoje essas aberrações continuam a ser praticadas e defendidas em algumas regiões do planeta. A História tem os seus tempos e é preciso estudá-la tendo em conta a mentalidade de cada época.

A Inquisição utilizou os sistemas que eram habituais na sociedade de então, se bem que o fez ordinariamente de um modo mais benigno que o dos seus contemporâneos. Com o tempo, os cristãos foram aprofundando nas exigências da sua fé, até compreenderem que tais métodos não eram compatíveis com o Evangelho.

É preciso reconhecer que as pessoas daquela época cometeram realmente todos esses tristes erros. Mas nem por isso devemos esquecer que, já desde as suas origens, o cristianismo defendeu claramente o direito à liberdade religiosa. Para os primeiros cristãos, a convicção de estarem na verdade não os fazia pensar em impô-la coercitivamente. Eram tolerantes porque sabiam que o ato de fé é livre; não eram tolerantes por simples conveniência social, mas por coerência com as próprias raízes da sua fé. Os primeiros Padres da Igreja cunharam o princípio de que "não há incompatibilidade entre rebater o erro e, ao mesmo tempo, tratar benignamente a pessoa que erra".

– No entanto, parece que, no decorrer dos séculos, quem mais se esqueceu da liberdade religiosa foram os católicos.

Não foi assim. O emprego da força para combater os dissidentes religiosos foi, lamentavelmente, algo corriqueiro em todas as culturas e confissões até muito recentemente. Basta pensar na intolerância de Lutero para com os camponeses alemães, que fez dezenas de milhares de vítimas; ou nas leis inglesas contra os católicos, cujo número era ainda muito elevado nos inícios da Igreja Anglicana; ou na sorte de Miguel Servet e seus companheiros, queimados na fogueira pelos calvinistas em Genebra.

É preciso que se diga, em prol da verdade, que esse era o tratamento normal que na época se dava a quase todos os delitos, entre os quais o da heresia era considerado o mais grave, sobretudo pelo abalo social que provocava. Nisso coincidiam tanto Lutero como Calvino, Henrique VIII, Carlos V e Filipe II. E fora do Ocidente ocorria algo muito parecido.[4]

Numa época em que todo o mundo ocidental se sentia e se proclamava cristão,

---

4 Sobre este tema, veja-se Daniel-Rops, *A Igreja da Renascença e da Reforma. 2. A Reforma católica*, cap. III, par. "A era dos fanatismos", *in* col. História da Igreja de Cristo, vol. V, Quadrante, São Paulo, 2023.

e a unidade da fé era um dos principais elementos integradores da sociedade civil, firmou-se a mentalidade de que a heresia, por ser um grave atentado contra a fé, era também um grave crime de "lesa-majestade", isto é, um delito que passou a ser considerado comparável ao de quem atentasse contra a vida do Rei, um crime que na época era punido com a morte na fogueira.

Não se pode esquecer que, para bem ou para mal — provavelmente para mal —, os campos próprios da política e da religião não estiveram devidamente delimitados durante muitos séculos. Além disso, as autoridades civis temiam o indubitável perigo social que as dissidências religiosas provocavam, pois os partidários da heresia costumavam querer conquistar o poder, dando origem a guerras e desordens sociais. Foi o que aconteceu, por exemplo, com o luteranismo, cujo rápido avanço se deveu, em boa parte, à habilidade com que Lutero conquistou o apoio de alguns príncipes alemães interessados em manter-se à margem do imperador Carlos V.

Nos primeiros séculos, os cristãos foram muito tolerantes em matéria religiosa. Em épocas posteriores, houve bastante confusão nessa matéria, mas teologicamente nunca esteve barrado o caminho da tolerância. E já há mais de dois séculos que são raras as manifestações de intolerância religiosa em países de maioria cristã.

Mais ainda: se lançarmos um olhar sobre a situação mundial dos últimos cem anos, pode-se dizer que a tolerância religiosa progrediu fundamentalmente nos países de maior tradição cristã. Do lado oposto, a intolerância religiosa instaurou-se com grande crueza nos países governados por ideologias sistematicamente ateias (no Terceiro Reich nazista, na União Soviética e em todos os países que estiveram sob o seu domínio, na China revolucionária de Mao Tsé-Tung, no regime de Pol Pot no Camboja etc.).

Cresceu também a violência do integrismo islâmico nos países onde essa religião ainda não alcançou o poder político (Senegal, Nigéria, Mauritânia, Chade, Egito, Tanzânia, Argélia etc.); e nos países onde já o alcançou (Arábia Saudita, Irã, Sudão etc.), a tolerância religiosa é quase inexistente. E a situação nos outros países asiáticos não islâmicos (Índia, China atual, Vietnã etc.) não parece oferecer melhores perspectivas. Curiosamente, porém, continua-se a falar muito mais da Inquisição — desaparecida há já muito tempo — do que das outras perseguições religiosas, dolorosamente atuais em muitos desses países não-cristãos.

Reconhecer os erros

Felizmente, há hoje uma compreensão muito estendida — embora não abranja o mundo inteiro — de que não é justo aplicar penas civis por motivos religiosos; de que a liberdade religiosa é um direito fundamental, e, portanto, todos os homens devem estar imunes de coação em matéria religiosa. Esta é a doutrina do Concílio Vaticano II, e foi por isso que a Igreja Católica sublinhou recentemente a necessidade de rever algumas passagens da sua história, a fim de reconhecer perante o mundo os erros de alguns dos seus membros, cometidos ao longo dos séculos, e pedir desculpas em nome da união espiritual que nos liga aos membros da Igreja de todos os tempos.

Reconhecer os fracassos de ontem é sempre um ato de lealdade e valentia, que além disso reforça a fé e ajuda a fazer frente às dificuldades de hoje. A Igreja lamenta que os seus filhos tivessem utilizado em certas épocas métodos de intolerância e mesmo de violência ao servirem a verdade, e é essa mesma aspiração de servir a verdade que agora a leva a reconhecer e lamentar tudo o que se passou.

— *Não é estranho que nessas épocas os católicos tivessem reagido tão pouco contra esses erros?*

É provável que muitos deles fossem no seu foro interno contra o uso da violência em defesa da fé. Na realidade, houve efetivamente reação contra esses erros, e, se não foi maior, talvez tenha sido porque muitos dos que reagiam não tinham outra opção que não o silêncio. Mais tarde, quando esses erros já haviam desaparecido, muitos católicos continuaram a defendê-los porque pensavam que fazer o contrário contribuiria para difundir lendas negras sobre a Igreja.

Como frisou João Paulo II, foram diversos os motivos que confluíram para fazer surgir atitudes intolerantes e fomentar um ambiente exaltado, do qual somente os grandes espíritos, verdadeiramente livres e cheios de fé em Deus, conseguiram de algum modo escapar. Mas a consideração de todas essas atenuantes não dispensa a Igreja do dever de lamentar profundamente as fraquezas de tantos dos seus filhos que com frequência lhe desfiguraram o rosto. Dessas marcas dolorosas do passado emerge uma lição para o futuro, que deve levar todo cristão a ter sempre muito em conta a regra de ouro formulada pelo Concílio Vaticano II: "A verdade não se impõe senão pela força da própria verdade, que pouco a pouco vai penetrando nas almas, com suavidade e firmeza".

A Igreja não tem medo de reconhecer esses erros, porque considera fundamental o amor à verdade (não existe uma verdade boa e outra má: uma que convém e outra que pode incomodar), e também porque essas violências não podem ser atribuídas à fé católica, mas à intolerância religiosa de pessoas que não assumiram corretamente essa fé.

Distinguir entre clichês e verdades

– *Então a Igreja reconhece que a chamada "lenda negra" da Inquisição é verdadeira?*

A Inquisição é certamente uma instituição controvertida. Foi controvertida na época e continua a sê-lo agora. Mas a perplexidade diminui quando se conhece melhor a realidade da sua história e as circunstâncias que determinaram a sua existência. Porque, como indicou Beatriz Comella, a polêmica sobre a Inquisição tem-se nutrido em boa parte da ignorância histórica, do desconhecimento das mentalidades de épocas passadas, da falta de contextualização dos fatos e da ausência de estudos que comparassem a justiça civil e a inquisitorial. Essas carências deram margem a que se agigantasse uma injusta lenda negra em torno da Inquisição.

– Afinal, o que há de verdade a respeito da Inquisição, em especial a espanhola, que foi a mais famosa?

Os primeiros tribunais da Inquisição na Espanha foram criados em 1242. Como em outros países europeus, esses tribunais dependiam dos bispos diocesanos e por via de regra foram bastante benévolos.

Porém, na época dos Reis Católicos Fernando de Aragão e Isabel de Castela, o Santo Ofício espanhol passou a ser um tribunal eclesiástico subordinado à monarquia e encarregado de reprimir dissidências religiosas, e esteve sujeito a frequentes ingerências de tipo político. Durante o seu reinado, os Reis Católicos tomaram decisões muito acertadas em matéria religiosa, como a história veio a reconhecer, mas essas medidas ficaram um tanto ensombrecidas pela atuação desses tribunais. Os Reis consideravam que a unidade religiosa deveria ser um fator-chave para assegurar a unidade territorial dos seus reinos, e julgaram imprescindível a conversão dos hebreus (uns 110 mil) e dos mouriscos (uns 350 mil). Alguns deles batizaram-se por convicção, mas outros não; e estes, quando voltavam às suas antigas práticas religiosas, eram perseguidos pela Inquisição.

– E como é que se explica uma decisão dessas, tomada por reis que passaram à história como "Reis Católicos"?

Julgar ações do passado exige que se leve em conta que as circunstâncias históricas, sociológicas e culturais eram diferentes das atuais. Naquela época, a fé era o valor central da sociedade, tal como nos nossos dias o é, por exemplo, a liberdade.

Assim como atualmente se luta e se morre — e às vezes também se mata — em defesa da liberdade pessoal ou coletiva, na época fazia-se o mesmo em defesa da fé.

Naquela altura, a fé era vista como a base e a garantia da convivência, e os que atentavam contra ela eram tratados de modo parecido a como hoje tratamos um terrorista, ou quem envenena a água de uma cidade, ou quem vende drogas a adolescentes. É por isso que a maioria dos cidadãos via com bons olhos a atuação daqueles guardiões da ortodoxia.

Com isto, não quero afirmar que estivessem certos, nem que a história justifique tudo, mas simplesmente lembrar que se devem considerar atentamente os condicionalismos da época. Tratava-se de uma sociedade em que havia uma grande preocupação pela salvação eterna, já que a morte era uma realidade muito presente (a expectativa de vida era de menos de trinta anos, e a mortalidade infantil muito alta, de modo que toda a gente já tinha visto vários dos seus familiares mais próximos morrerem muito novos). Nesse clima, as pessoas comuns viam no herege um grave perigo social, de modo semelhante — insisto — ao de como hoje vemos quem se dedique a propagar doenças contagiosas, a corromper crianças ou a destruir o meio ambiente.

– E eram muito frequentes a tortura ou a morte na fogueira?

A pena de morte na fogueira era aplicada ao herege contumaz e não arrependido.

Os outros delitos eram punidos com a excomunhão, o confisco de bens, multas, prisão ou orações e esmolas penitenciais. As sentenças eram lidas e executadas em público nos denominados "autos de fé".

Quanto à tortura, a Inquisição admitiu o seu uso, mas com diversas restrições: não se podia, por exemplo, chegar ao extremo da mutilação, nem pôr em perigo a vida do acusado. Deve-se ter presente que a tortura era utilizada então com toda a normalidade nos tribunais civis. A principal diferença era que, nos tribunais da Inquisição, o acusado confesso e arrependido após a tortura livrava-se da morte, coisa que não acontecia na justiça civil.

Outro traço característico da Inquisição era que os direitos do acusado eram mais respeitados do que no sistema judicial civil. Além disso, a Inquisição não fazia distinções quando os acusados eram prelados, cortesãos, nobres ou ministros. Prova disso foram as condenações de

D. Carranza, arcebispo de Toledo e Primaz da Espanha, acusado de luteranismo, e de Antonio Pérez, secretário do Rei. Este último e outros políticos espanhóis exilados difundiram pela França, Alemanha e Inglaterra os falatórios que geraram a lenda negra da Inquisição espanhola. Num ambiente de grande rivalidade, onde se lutava em numerosos pontos da Europa contra o domínio político do Império espanhol, tais falatórios foram acolhidos de muito bom grado.

Miguel Servet

– E essa outra história sobre Miguel Servet que você mencionou: não foi queimado na fogueira por ter descoberto a circulação do sangue?

Essa velha lenda pode ser rebatida sem grandes apelos à erudição. Para começar, Miguel Servet não descobriu a circulação do sangue, mas simplesmente o que se denomina "circulação menor", isto é, a passagem do sangue de um lado do coração para o outro, depois de circular pelos pulmões, onde se purifica pelo contato com o ar que respiramos. Mesmo assim, foi uma contribuição mundialmente importante, que garantiu a esse médico aragonês um lugar de honra na história das grandes descobertas.

Curiosamente, Miguel Servet colocou o relato dessa descoberta no meio dos parágrafos de um livro de teologia que escreveu sobre a Santíssima Trindade, intitulado *Christianismi restitutio*, o "Reestabelecimento do cristianismo". As coisas naquele tempo eram assim — explica Pascual Falces de Binéfar —, pois ainda era dominante a ideia de que "o médico que só sabe de medicina, nem de medicina sabe".

O livro caiu nas mãos de João Calvino, que acabava de implantar a sua Reforma na cidade de Genebra. Calvino discrepou tanto das teorias de Servet sobre a Santíssima Trindade — que de fato eram heréticas, tanto do ponto de vista católico como protestante —, que chegou a declarar publicamente que, se o médico aparecesse em Genebra, seria queimado na fogueira. Servet fez caso omisso dessa advertência e, pior ainda, desafiou-a, mudando-se para a tediosa cidade. Aconteceu o que era de se prever: terminou na fogueira, e as suas cinzas foram espalhadas sobre o lago Leman. Mas foi pelas suas heresias que foi justiçado, e não por ter descoberto a circulação do sangue.

O que Calvino fez com ele foi evidentemente cruel e injusto, mas a Igreja Católica não teve nada a ver com isso.[5]

---

5 Sobre este tema, cf. Daniel-Rops, *A Igreja da Renascença e da Reforma. 1. A Reforma protestante*, cap. VI, par. "A fogueira de Miguel Servet", *in* col. História da Igreja de Cristo, vol. IV, Quadrante, São Paulo, 2023.

A verdade sobre os números

A Inquisição instaurou-se na Espanha em 1242 e só foi abolida formalmente em 1834. Atuou mais intensamente entre 1478 e 1700, durante o governo dos Reis Católicos e dos Áustrias. Quanto ao número de pessoas condenadas à fogueira, os estudos realizados por Heningsen e Contreras sobre as 44.674 causas abertas entre os anos de 1540 e 1700, chegaram ao total de 1.346 sentenciados. Isso significa 9 mortos por ano em todo o gigantesco território do Império espanhol, que se estendia da Sicília ao Peru. Uma média menor do que a de qualquer tribunal regional da Justiça Civil.

O britânico Henry Kamen, conhecido estudioso não católico do assunto, calculou que, ao longo dos seus seis séculos de existência, a Inquisição espanhola fez um total de no máximo 3 mil vítimas. Acrescenta que "é interessante comparar as estatísticas de condenações à morte pronunciadas na Europa entre os séculos XV e XVIII pelos tribunais civis e pelos inquisitoriais: para cada cem penas de morte decretadas pelos tribunais comuns, a Inquisição decretou uma".

Com mais de 5 mil estudos já publicados sobre a Inquisição, os especialistas consideram encerrada toda a polêmica em torno dos dados históricos. Para os historiadores, a "lenda negra" já morreu, mas continua viva entre pessoas menos documentadas. Felizmente, a fé cristã contém e preserva uma doutrina — a doutrina do Evangelho — que lhe permite retificar quaisquer erros práticos que os seus membros tenham cometido ao longo da história.

QUAL FOI O ERRO NO CASO GALILEU?

> *Logo se arrepende quem julga apressadamente.*
> Publílio Siro

Uma comparação

– *E o que tem a dizer a respeito do famoso caso Galileu, queimado na fogueira por defender uma teoria científica que hoje é universalmente aceita?*

Há um pouco de lenda em tudo isso. Não quero ser implicante, mas a verdade é que Galileu faleceu em 8 de janeiro de 1642, de morte natural, aos 78 anos de idade, na sua casa de Arcetri, perto de Florença. Não passou um único dia na prisão nem sofreu qualquer tipo de violência.

– *Está certo, mas é evidente que o processo contra ele foi todo errado...*

Efetivamente, o famoso processo — respondo glosando ideias de Mariano Artigas — teve lugar em Roma nove anos antes, e é verdade que Galileu foi condenado a prisão domiciliar. Mas deram-lhe liberdade para continuar as suas pesquisas, e foi justamente nesse período que publicou a sua obra mais importante, *Discursos e demonstrações matemáticas em torno de duas novas ciências*.

É preciso dizer que três dos dez dignitários do tribunal se negaram a assinar a sentença, e que o Papa não teve nada a ver com esse processo, que com certeza foi lamentável e não deveria ter sido aberto.

Mas o erro daquele tribunal — erro reconhecido oficialmente já em 1741 — não compromete a autoridade da Igreja como tal: entre outras coisas porque as decisões desses juízes não gozavam de infalibilidade nem estavam ligadas a nenhuma definição *ex cathedra* — dogmática — do Papa.

Mesmo assim, este caso — convenientemente manipulado — tem sido a bandeira que muitos vêm agitando para alimentar o mito de que a ciência e a fé são incompatíveis. E costumam fazê-lo com uma notável falta de ponderação no exame dos dados históricos. A título de exemplo, apenas para servir de comparação, penso que ninguém deixaria de confiar na França pelo simples fato, tragicamente real, de que em 8 de maio de 1794 um tribunal francês guilhotinou o grande protagonista da revolução científica da química do seu tempo, Antoine Laurent Lavoisier, aos 51 anos de idade, por pertencer a um partido contrário ao dos jacobinos mais socialistas.

Imagino também que ninguém rejeite atualmente a autoridade da República francesa só porque naquela ocasião o presidente do tribunal, respondendo a um pedido de indulto, disse solenemente que "a República não precisa de sábios". Com isto, não quero atacar a França, a Revolução Francesa ou a República, nem pretendo fazer comparações demagógicas: só quero chamar a atenção para as conclusões diametralmente opostas que alguns tiram de um caso e do outro.

Uma velha controvérsia

Durante mais de três séculos, o caso Galileu foi uma incessante fonte de mal-entendidos e polêmicas. O pensamento iluminista exagerou propositadamente os erros do processo e tirou-os do contexto, a fim de fazer desse episódio o paradigma do comportamento da Igreja em face da ciência. Até hoje, o caso continua a ser apresentado como símbolo da pretensa oposição da Igreja ao progresso científico.

Essa ideia foi crescendo e consolidando-se ao longo do tempo, até que a Igreja viu necessário retomar o assunto para esclarecê-lo a fundo. Por isso, quando João Paulo II ordenou, em 1981, que se fizesse um estudo profundo e rigoroso sobre os erros cometidos pelo tribunal eclesiástico que julgou os ensinamentos científicos de Galileu, abriu um campo fecundo para a discussão das relações entre ciência e fé.

A comissão nomeada pelo Papa estudou o caso durante onze anos, analisando todos os seus aspectos teológicos, históricos e culturais. Investigou exaustivamente o que aconteceu, as causas do conflito e os detalhes dos seus desdobramentos posteriores.

Hoje, passados mais de três séculos e meio, as circunstâncias mudaram muito, e parece-nos evidente o erro cometido pela maioria dos juízes daquele tribunal. Mas, naquele momento, o horizonte cultural era muito diferente do nosso e, além disso, os conhecimentos astronômicos estavam em pleno período de transição. Por defender a teoria heliocêntrica de Copérnico (que considerava o Sol, e não a Terra, como o centro do universo) — hipótese que ainda não era oficialmente aceita pela comunidade científica —, Galileu entrou em choque, não com a Igreja, mas com a ciência do seu tempo. Daí tirou com certa precipitação algumas conclusões que podiam parecer heréticas a alguns, pois iam contra o que dizia a Sagrada Escritura; e apregoou-as com uma falta de prudência e bom senso impróprias de um verdadeiro cientista, pois nem ao menos podiam considerar-se cientificamente provadas no seu tempo.

Herdeiros da concepção unitária do mundo que prevalecia na época, alguns teólogos, que eram ao mesmo tempo cientistas, não souberam interpretar o significado profundo, *não literal*, das Sagradas Escrituras quando descrevem no livro do Gênesis a estrutura física do universo criado. E esse erro fez com que trouxessem indevidamente para o âmbito da fé uma questão de natureza científico-experimental.

A verdade sobre a condenação

– E os homens e instituições da Igreja reconheceram o grande sofrimento que infligiram a Galileu?

João Paulo II reconheceu a grandeza de Galileu e lamentou profundamente os erros daqueles teólogos. Mas, para sermos objetivos, temos de dizer que se criou um grande mito em torno desses sofrimentos. Segundo uma ampla pesquisa de opinião realizada pelo Conselho da Europa com estudantes de ciências de todo o Continente, quase 30% pensam que Galileu foi queimado na fogueira por ordem da Igreja; e 97% afirmam que foi submetido a torturas. Durante três séculos, pintores, escritores e cientistas descreveram com toda a riqueza de detalhes as prisões e torturas sofridas por Galileu por causa da teimosia da Igreja. E absolutamente nada disso aconteceu...

Sem dúvida, Galileu passou por um constrangimento público diante do tribunal, mas a verdade histórica é que foi condenado apenas a um *formalem carcerem*, uma espécie de prisão domiciliar, que cumpriu no *palazzo* renascentista do embaixador de Florença, sua cidade natal, e depois em Siena, na casa do arcebispo Piccolomini, seu discípulo e admirador. Não esteve um dia sequer na cadeia nem sofreu maus-tratos físicos de nenhum tipo. Não houve, portanto, nem masmorras, nem torturas, nem fogueira. Também está fora de dúvida que vários juízes se negaram a subscrever a sentença e que o Papa também não a assinou.

Galileu pôde continuar a trabalhar na sua ciência, recebendo visitas e publicando as suas obras, até o dia em que morreu pacificamente, nove anos depois, no seu domicílio em Arcetri, próximo de Florença, como já dissemos. Vincenzo Viviani, seu discípulo e futuro biógrafo, que esteve ao seu lado desde que ficou doente, testemunhou que Galileu morreu com firmeza filosófica e cristã aos 77 anos de idade, na sua cama, tendo recebido indulgência plenária e a bênção do Papa. Viveu e morreu como um bom cristão.

– De qualquer modo, reconhecer agora esse erro significa que o Magistério da Igreja pode enganar-se...

Já dissemos que sentenças judiciais de um tribunal como esse não comprometem o Magistério da Igreja. Ao término dos trabalhos da citada comissão, João Paulo II recordou a famosa frase de Barônio: "A intenção do Espírito Santo foi ensinar-nos o caminho do Céu, não como é que os céus caminham". A assistência divina que ampara a Igreja não se estende aos problemas que pertencem ao âmbito das ciências experimentais: a infeliz condenação de Galileu está aí para no-lo recordar. E, sob esse ângulo, foi providencial.

Certamente houve muito atraso — talvez demasiado — em abordar este assunto a fundo. Por isso a Igreja deplorou em diversas ocasiões certas atitudes, mesmo dos próprios cristãos, que demonstram não se ter entendido suficientemente a legítima autonomia da ciência. Seja como for, é preciso lembrar que havia já muito tempo que Galileu Galilei tinha sido reabilitado como cientista e como pessoa. Quando, em 1741, chegou-se à demonstração ótica da rotação da Terra em torno do Sol (a primeira demonstração científica real da teoria heliocêntrica), Bento XIV ordenou que o Santo Oficio desse o *imprimatur* à primeira edição das obras completas de Galileu. E em 1822, por decisão de Pio VII, a sentença errônea de 1633 foi reformada.[6]

---

[6] Sobre todo este tema, veja-se Jorge Pimentel Cintra, *Galileu*, 2ª ed., Quadrante, São Paulo, 1995, e Mariano Artigas em colaboração com William R. Shea, *Galileo in Rome. The Rise and Fall of an Uneasy Genius*, Oxford University Press, Nova York, 2003, publicado em castelhano como *Galileo en Roma. Crónica de 500 días*, Ed. Encuentro, Madri, 2003.

O diálogo entre Ciência e Fé

Sempre é preciso reagir perante uma lenda — seja essa ou qualquer outra —, quando ela obscurece e deforma a verdade histórica: é uma exigência da própria verdade e do respeito que hoje reivindicamos para todos.

Agora que esse triste caso ficou esclarecido de uma vez por todas, abrem-se novas e promissoras perspectivas para o diálogo entre ciência e fé. O mito da incompatibilidade entre ambas começa a declinar. Por outro lado, a Igreja pergunta-se hoje mais do que nunca sobre os fundamentos da sua fé, e procura um modo claro de expor ao mundo dos nossos dias as razões da sua esperança. Por sua vez, apesar de um ou outro Dawkins vociferante, a ciência está cada vez mais consciente dos seus próprios limites e da necessidade de uma fundamentação última para as suas conclusões.

Neste sentido, a ciência e a fé são chamadas a uma séria reflexão, a construir sólidas pontes que garantam o diálogo e o enriquecimento mútuos. Afinal, não se pode esquecer que a ciência moderna se desenvolveu precisamente no Ocidente cristão e com o alento da Igreja. Ao longo da história, a fé sempre constituiu uma força propulsora da ciência.

COMO AGIU A IGREJA EM FACE DO NAZISMO?

Faz o que seja justo.
O resto virá por si só.
GOETHE

A Santa Sé e o Holocausto

De tempos em tempos, repete-se a acusação de que a Igreja Católica teve uma atitude um tanto confusa perante o extermínio de milhões de judeus durante a Segunda Guerra Mundial.

Essas críticas só começaram em 1963 (quase vinte anos depois do fim da guerra, lembremos), após a estreia de uma peça de teatro do dramaturgo alemão Rolf

Hochhuth,[7] e desde então vêm sendo repetidas sem a menor preocupação com qualquer veracidade histórica.

---

[7] Rolf Hochhuth (1931-2020) é um dramaturgo alemão-ocidental de ideologia esquerdista; obteve sucesso internacional com a peça *Der Stellvertreter* ("O Vigário", 1963), da qual procedem todas as calúnias que se repetem ainda hoje sobre a pretensa "omissão" de Pio XII no caso da perseguição dos judeus pelo regime nazista e sobre as suas "simpatias nazistas".

Em 2007, Ion Mihai Pacepa, antigo general do *Securitate* — o serviço secreto romeno sob o regime comunista — e posterior dissidente que fugiu para os Estados Unidos, revelou em artigo na *National Review* que Hochmuth havia sido comissionado pelas centrais de espionagem dos países do Leste europeu para escrever essa peça, dentro do contexto mais amplo de um plano da KGB para desacreditar a Igreja Católica (Ion Mihai Pacepa, "Moscow's Assault on the Vatican", *The National Review*, 25.01.2007; o texto original pode ser encontrado em http:// www.nationalreview.com/articles/219739/moscows-assault-vatican/ion-mihai-pacepa).

Na realidade, o que aconteceu foi exatamente o contrário: as primeiras e mais contundentes críticas ao nazismo provieram justamente da Hierarquia católica. E só não foram ainda mais contundentes à vista dos difíceis equilíbrios que se tiveram de fazer para que as denúncias dos abusos de Hitler não pusessem em perigo a vida de milhões de pessoas. Os bispos nunca deixaram de combater e condenar as arbitrariedades nazistas, mas não demoraram a perceber que, quando endureciam as suas críticas, as represálias nazistas eram muito mais violentas.

Uma breve recapitulação histórica

Adolf Hitler foi nomeado chanceler da Alemanha em 28 de janeiro de 1933. O seu partido, o nacional-socialista, estava em minoria, mas três dias depois de ter tomado posse, Hitler convocou novas eleições, que por uma pequena margem de votos deram ao seu partido a maioria absoluta. Conseguida esta, aprovou-se uma lei que dava plenos poderes ao chanceler. Passado um ano, a 2 de agosto de 1934, falecia o presidente alemão, marechal Hindenburg, e apenas uma hora após o seu falecimento, anunciava-se a unificação dos cargos de presidente e chanceler na pessoa de Hitler, e convocava-se um plebiscito para ratificar a medida. No dia 19 de agosto, a esmagadora maioria do povo alemão votou pelo sim, graças à poderosa máquina de propaganda nazista comandada por Goebbels, e Hitler tornou-se o dono absoluto da Alemanha.

Desde 1930, tanto o Papa Pio XI como o seu secretário de Estado Eugenio Pacelli, futuro Pio XII, além da Hierarquia católica alemã, vinham manifestando a sua preocupação com as consequências do pensamento nazista. Por ocasião das eleições, os bispos redigiram cartas pastorais recordando os critérios morais sobre o voto e as ideias que eram inaceitáveis para um católico.

Não se pode afirmar que os católicos receberam essas declarações com indiferença, pois a grande ascensão do nacional-socialismo se deu sobretudo nas zonas de maioria protestante.

Logo depois do triunfo nazista de 1933, os bispos alemães publicaram outra carta coletiva em que explicavam muito claramente como e por que razão os princípios nazistas do sangue e da raça conduziam a injustiças gravemente opostas à consciência cristã. Também enviaram uma mensagem ao governo manifestando a repulsa unânime do episcopado católico aos atropelos contra os direitos dos doentes mentais, judeus, ciganos e homossexuais que nesse momento começavam a cometer-se (segregação pública, confisco de bens, esterilização compulsória etc.).

Diante dessa situação, Hitler pensou que seria mais prático tentar abrir uma brecha entre os bispos alemães e a Santa Sé. Este foi um dos motivos pelos quais viu com bons olhos a possibilidade de assinar uma Concordata com a Santa Sé.

Essa ideia foi bem acolhida pelo Vaticano, pois parecia melhor tentar a via do entendimento com os regimes hostis à Igreja — como se demonstrara, por exemplo, no caso das relações com a recém-constituída República espanhola —, a fim de obter pelo menos alguma garantia legal dos direitos dos cidadãos católicos. Não se podia confiar muito nesse tipo de solução, mas pelo menos era uma referência para se poder denunciar internacionalmente os abusos que as autoridades alemãs certamente iriam cometer, e assim talvez mitigá-los. É difícil avaliar até que ponto esse objetivo foi alcançado, mas a decisão não parece ter sido desacertada, pois a Concordata assinada em 1933 continua a vigorar até hoje.

O governo nazista descumpriu a Concordata desde o primeiro momento e atacou a Igreja de várias maneiras. Organizou, por exemplo, uma campanha de desprestígio, abrindo vários processos contra personalidades eclesiásticas. Começou a perseguir as famílias de jornalistas e outras personalidades católicas que se opunham abertamente ao regime, e em alguns casos a matá-los. Fechou todos os jornais e órgãos de divulgação católicos, bem como qualquer tipo de associação que tivesse algum gênero de vínculo com a Igreja etc.

Em janeiro de 1937, com a máxima discrição, os principais representantes do episcopado alemão (os cardeais Bertram, Faulhaber e Schulte, e os bispos Preysing e von Galen) viajaram a Roma para solicitar uma nova intervenção pontifícia que condenasse formalmente o nazismo. Daí nasceu a Encíclica *Mit brennender Sorge* ("Com ardente preocupação"), que teve de ser introduzida clandestinamente no país e foi lida em todos os 11 mil templos católicos alemães na missa do domingo, 21 de março. Foi uma pancada enorme. Era claríssima a denúncia da ideologia e das práticas nazistas: racismo, divinização do Estado etc. E não faltavam referências ao que hoje se chamaria "culto à personalidade".

O regime nazista nunca tinha recebido na Alemanha uma contestação semelhante à que se produziu com a *Mit brennender Sorge*. No dia seguinte, o jornal oficial nazista *Völkischer Beobachter* ("Observador Popular") publicou uma primeira réplica à Encíclica, que surpreendentemente foi também a última. O ministro da propaganda, Joseph Goebbels, percebeu logo a força dessa Encíclica, e, como naquela altura detinha o controle total da imprensa e do rádio, decidiu que o melhor a fazer seria ignorá-la completamente.

– *Mas parece-me que, na Áustria, a atitude da Hierarquia católica não foi tão firme...*

Quando Hitler invadiu a Áustria em março de 1938, a anexação — o Anschluss — foi em geral bem recebida, não só por causa da instabilidade política que havia tomado conta do país, mas também porque o regime alemão, graças à intensa propaganda feita pelos nazistas, gozava de boa imagem junto do povo austríaco.

Nesse ambiente de euforia, Hitler — que era austríaco de nascimento — foi a Viena e, em entrevista com o cardeal Innitzer, induziu-o com argumentos falaciosos a escrever uma infeliz declaração em nome do episcopado austríaco em que lhe dava as boas-vindas e louvava o nacional-socialismo alemão.

Logo em seguida, mal percebeu que cometera um erro grave, o cardeal publicou uma nota esclarecedora. Como era de supor, a propaganda nazista divulgou a declaração, mas omitiu qualquer referência a essa nota. Innitzer foi chamado a Roma, e poucos dias depois publicou uma retificação muito mais contundente. Só depois pôde entrevistar-se com Pio XI, que até então se recusara a recebê-lo em audiência. A resposta dos nazistas foi ignorar a retificação, suprimir as organizações juvenis católicas, abolir o ensino da religião nas escolas e fechar a Faculdade de Teologia de Innsbruck. O palácio episcopal foi invadido e arrasado pelas milícias da juventude hitlerista.[8]

Uma atuação prudente e eficaz

— Essas condenações do nazismo não deveriam ter sido muito mais públicas e explícitas?

Quando rebentou a guerra, o regime nazista radicalizou-se. As grandes deportações e o extermínio sistemático dos judeus

---

8 Sobre a atuação da hierarquia católica contra o nazismo, veja-se Daniel-Rops, *A Igreja das Revoluções. 2. Um combate por Deus*, cap. IX, par. "Pio XI contra a «estatolatria» fascista" e par. "Pio XI contra o racismo nacional-socialista", in col. História da Igreja de Cristo, vol. IX, Quadrante, São Paulo, 2006.

começaram no segundo semestre de 1942. Vêm aparecendo agora numerosos documentos que provam que os governos aliados estavam perfeitamente informados dessas atrocidades e nada fizeram, ao passo que a Santa Sé fez tenazes e contínuos esforços para conter esses terríveis desmandos. O seu aparente silêncio durante uma fase da guerra escondia uma ação cautelosa e eficaz no combate a esses crimes.

As razões para essa discrição foram claramente explicadas pelo próprio Papa Pio XII em diversos discursos, em cartas ao episcopado alemão e em deliberações da Secretaria de Estado. As declarações públicas só teriam agravado a sorte das vítimas e multiplicado o seu número, como não demorou a comprovar-se. Com efeito, quando a Hierarquia católica da Holanda se queixou publicamente em 1942 do tratamento que se dava aos judeus, os nazistas multiplicaram as redadas e as deportações, a tal ponto que no final da guerra

90% dos judeus da capital holandesa tinham sido exterminados.

Foi por esse motivo que se deu preferência aos protestos por via diplomática, que foram muito intensos. Os esforços concentraram-se também em tentar salvar vidas e influir nos países-satélite de Hitler para que impedissem a ação impune das SS alemãs nos seus respectivos territórios. Esse foi o caminho considerado mais prático, e uma visão retrospectiva dos acontecimentos parece confirmá-lo, pois assim se salvou a vida de centenas de milhares de pessoas.

Na Itália, e em menor escala na França, muitos judeus se salvaram graças à proteção de eclesiásticos católicos, e em Roma o Papa Pio XII participou pessoalmente desse trabalho. Também na Romênia os estragos teriam sido muito maiores se não fossem as diligências realizadas, entre outros, por mons. Roncalli, futuro Papa João XXIII, que na altura era legado apostólico na Turquia. Nos outros países, a Igreja não conseguiu muita coisa, mas tentou-o por todos os meios ao seu alcance. Quando a guerra terminou, entre os poucos a quem as organizações judaicas manifestaram a sua gratidão, contavam-se a Santa Sé e várias personalidades e instituições da Igreja Católica, a começar, como acabamos de dizer, pelo próprio Papa Pio XII.[9]

---

[9] Para mencionar uns poucos exemplos: "A voz de Pio XII é uma voz solitária no silêncio e na escuridão que envolve a Europa neste Natal de 1941", escrevia o *New York Times* ainda em plena guerra. "Ele é praticamente o único governante do continente europeu que ousa erguer a voz [...] O Papa não deixou a menor dúvida de que os ideais nazistas são incompatíveis com a paz de Cristo" (*New York Times*, 25.12.1941, última edição). O comentário à alocução do Natal de 1942 é muito semelhante; e poderiam multiplicar-se as citações do mesmo tipo. Quanto às reações da parte judaica, basta mencionar o rabino-chefe da Palestina e mais tarde de Israel, Isaak HaLevy Herzog, que escrevia a 28 de fevereiro de 1944 em carta a Pio XII: "O povo de Israel nunca esquecerá o que Vossa Santidade faz pelos nossos infelizes irmãos e irmãs neste

Foram muitos os cristãos que arriscaram a vida para salvar pessoas de raça judaica. Se alguns não o fizeram, talvez fosse por terem pouco espírito cristão, mas também é verdade que não é fácil formular um juízo moral retrospectivo sobre o que os outros deveriam ter feito, submetidos como estavam às condições extremas

---

momento tão trágico da nossa história. É um testemunho vivo da Providência divina neste mundo" (in *Actes et documents du Saint-Siège relatifs à la seconde Guerre Mondiale*, vol. X, p. 292). Quanto ao rabino-chefe de Roma, ficou tão tocado com a atuação do Papa que quis receber o batismo, tomando o nome de Eugenio Zolli em homenagem a Eugenio Pacelli. Veja-se a respeito de todo o tema da atuação de Pio XII durante a guerra o ensaio do rabino e historiador David G. Dalin, *The Myth of Hitler's Pope: How Pope Pius XII Rescued Jews from the Nazis*, Regnery Publishing, Washington, D.C., 2005, infelizmente não traduzido ainda. No site da Quadrante (www.quadrante.com.br), há um artigo sobre o tema com o título de "Pio XII e a Segunda Guerra Mundial", de James Akin.

de um Estado totalitário como o nazista. É necessário esforçar-se por conhecer o que realmente aconteceu.

Por outro lado, nunca será demais refletir sobre como se pôde chegar à barbárie nazista, e observar que não foi a crueldade isolada de um grupo de inescrupulosos, mas a projeção política de toda uma série de ideias que estavam em gestação na mente europeia (e não só na Alemanha) havia mais de um século. Eram teorias materialistas, biológicas, romântico-hegelianas e niilistas, que vieram a configurar um estilo e um núcleo neopagãos, cujas manifestações mais selvagens foram as ideologias nazista e comunista.

O QUE HÁ DE VERDADE EM TANTAS OUTRAS "LENDAS NEGRAS"?

O ideal ou projeto mais nobre pode ser alvo de zombarias ou de fáceis ridicularizações. Para isso, não é necessário estar dotado do menor grau de inteligência.
ALEXANDER KUPRIN

A história das missões

– Há muitos movimentos de crítica contra o modo como se levou a cabo o trabalho das missões. Parece que isso é um grande lastro que a Igreja tem de carregar.

Penso que se têm emitido nesse campo muitos juízos sumários e precipitados que contradizem a verdade histórica. Ao longo de tantos séculos de atividade missionária, levada a cabo por muitíssimas pessoas e em muitíssimos lugares do mundo, houve certamente grandes ou pequenas falhas, e não pretendo desculpá-las. Mas o número de estudos históricos sérios que vêm sendo feitos sobre este tema é cada vez maior, e as novas investigações têm revelado que a fé cristã e a Igreja como instituição realizaram uma grande tarefa de serviço e de proteção em prol das pessoas e das culturas, em contraste com os ímpetos de destruição que os conquistadores e as potências coloniais demonstraram muitas vezes.

No caso concreto da América Latina, o Papa Paulo III e os seus sucessores intercederam com toda a firmeza em favor dos direitos dos indígenas, e decretaram normas jurídicas bem claras a esse respeito. A Coroa espanhola também promulgou leis que protegiam os direitos dos nativos, e foi justamente no século XVI — conhecido como o

Século de Ouro espanhol — que os teólogos e canonistas católicos cunharam a noção de "direitos humanos". Tudo isso constituiu uma autêntica barreira contra o extermínio das populações indígenas, tristemente habitual em outro tipo de colonizações.

Essa ingente atividade missionária transformou-se num grande movimento em defesa da dignidade e dos direitos do homem. E se os indígenas acolheram em breve tempo o cristianismo, foi em grande parte por terem visto na nova religião uma enorme força protetora e libertadora (libertadora também de certos cultos que muitos deles praticavam até então, e que implicavam sacrifícios humanos numa escala de genocídio). Os bispos, os sacerdotes e os missionários converteram-se nos principais defensores com quem os fracos e oprimidos podiam contar.

Além disso, foram também — como na velha Europa medieval — educadores, fundadores de Universidades, desbravadores de terras selvagens, estudiosos da cultura local e promotores de uma convivência que não levasse ao extermínio de uma raça por outra, mas sim à mestiçagem. Se as etnias e culturas indígenas não desapareceram, foi devido a esse trabalho extremamente fecundo, que fez com que os princípios cristãos prevalecessem sobre a cobiça dos conquistadores.[10]

A abolição da escravatura

– Mas se os índios da América Latina encontraram logo de início os seus principais defensores no seio do cristianismo, por que isso não aconteceu também com os escravos?

---

10 Sobre este tema, cf. Evandro Faustino, *500 anos. Reflexões sobre a Evangelização*, Quadrante, São Paulo, 2000, e Thomas Woods, Jr., *Como a Igreja Católica construiu a civilização ocidental*, 4ª ed., Quadrante, São Paulo, 2011, cap. X.

Trata-se de um assunto mais complicado, e é preciso analisar a sua evolução ao longo da História. No mundo antigo, consolidara-se a ideia — que aparece até em Aristóteles — de que alguns homens nasceram para ser escravos. Por outro lado, os vencedores de uma guerra, imbuídos de sentimentos de piedade, ofereciam por vezes aos prisioneiros a opção de continuarem vivos como escravos, o que para eles era melhor que a morte. Esses dois fatores faziam com que a escravidão fosse um fenômeno presente em todas as civilizações da Antiguidade, incluídas as do povo grego e do romano. O direito romano, por exemplo, considerava o escravo como uma coisa ("res"), que não tinha portanto, nenhum direito e estava totalmente à disposição do seu dono.

Com a chegada do cristianismo, proclamou-se a igualdade absoluta de todos os homens diante de Deus. A abolição da escravatura demorou séculos a efetivar-se, mas já estava dado o ponto de partida. Desde o princípio, a Igreja considerou os escravos como pessoas, administrou-lhes os sacramentos, cuidou da sua instrução e incentivou os seus amos a tratá-los com a maior consideração. Apesar disso, o fenômeno da escravidão converteu-se numa das piores chagas sociais em todo o mundo: foi um obnubilamento que durou séculos e ensombreceu verdades que já estavam no cerne da mensagem cristã.

A luta contra a escravidão surgiu pouco a pouco no seio do cristianismo, e só muito mais tarde é que recebeu o respaldo de outras culturas e de outros modos de pensar.

– Mas essa luta não foi uma iniciativa que partiu do Iluminismo?

Coincidiu com o Iluminismo no tempo, mas nem sempre nas ideias. Se examinarmos as páginas da *Enciclopédia* — o máximo expoente do Iluminismo (ou Ilustração, como também se denomina) —, veremos que os ilustrados, não só não eram contrários à escravidão, mas viam como coisa natural considerar umas raças superiores a outras e que as superiores dominassem as inferiores para o próprio bem destas. Afinal — afirmava a *Enciclopédia* —, "o negro estará melhor sob o domínio de um amo branco na América do que em liberdade na África".

Não é difícil imaginar o que teria sido desses homens se tivessem prevalecido a visão dos conquistadores, o pensamento ilustrado e as concepções islâmica e pagã da escravidão, e não tivesse havido contra elas uma recuperação do conceito cristão acerca da dignidade de todos os homens.

– *Como foi o processo da abolição?*

O tráfico de escravos em grande escala começou no século XVI em diferentes pontos da costa africana. Durante mais de um século, Portugal quase monopolizou esse tráfico graças à colaboração dos comerciantes árabes do norte da África, que já forneciam escravos oriundos da África central aos mercados da Arábia, do Irã e da Índia. O descobrimento da América fez com que outras nações se somassem a essa prática terrivelmente degradante. Nem mesmo a Revolução americana de 1776 mudou a situação, e a escravidão foi admitida na Constituição norte-americana.

A ideia de abolir a escravidão surgiu no seio das sociedades à medida que se foi ganhando maior consciência de que semelhante prática se opunha aos princípios mais elementares do Evangelho. Não foi tarefa fácil, pois chocava com evidentes e importantes interesses econômicos. Mas finalmente, sobretudo graças ao empenho de William Wilberforce, a Inglaterra proibiu em 1807 o comércio de escravos, e em 1833 declarou a abolição da escravatura na totalidade dos territórios britânicos. O único país que o fez antes, em 1792, foi a Dinamarca, invocando também diretamente os valores cristãos. Ao longo do século XIX, a escravidão foi sendo abolida sucessivamente no resto dos países de tradição cristã.

Hoje em dia, apesar das normas antiescravagistas da legislação internacional, a escravidão continua a ser uma triste realidade fora do Ocidente, atingindo nada menos que cem milhões de pessoas. Em alguns países islâmicos e budistas, conta até com cobertura legal. Não fosse pela influência do cristianismo, talvez ainda tivéssemos esse mesmo panorama nas sociedades ocidentais.[11]

---

11 Sobre a abolição da escravidão antiga, cf. Daniel-Rops, *A Igreja dos Apóstolos e dos mártires*, cap. XII, par. "A renovação dos valores humanos", in col. História da Igreja de Cristo, vol. I, Quadrante, São Paulo, 2023; sobre a da escravidão moderna, cfr. Daniel-Rops, *A Igreja das revoluções. 3. Esses nossos irmãos, os cristãos*, cap. III, par. "O grande «despertar» de princípios do século XIX", *in* col. História da Igreja de Cristo, vol. X, Quadrante, São Paulo, 2023.

A preocupação pelos que sofrem

Por outro lado, é preciso dizer que a influência da fé cristã na luta por aliviar o sofrimento humano foi decisiva ao longo da História. Já no Império Romano o cristianismo se ocupou dos mais fracos, dos marginalizados e dos abandonados, ou seja, de todos aqueles por quem o Império mal se interessava. Também acolheu com extraordinária consideração as mulheres, e contribuiu para suavizar as barreiras étnicas tão marcantes na época. Pregava um Deus diante do qual ninguém poderia continuar a admitir atitudes discriminatórias, opressoras ou mesmo criminosas, como o aborto e o infanticídio.

Nos séculos seguintes, continuou a impulsionar a assistência aos mais carentes. Basta citar como exemplo a contribuição de São João de Deus, que fundou uma Ordem dedicada à atenção dos doentes mentais, verdadeiros enjeitados da sociedade durante séculos; bem como o ingente esforço de inumeráveis instituições católicas dedicadas a abrir e atender leprosários, dispensários, indo ao encontro dos pobres, das crianças órfãs etc.

"Tanto hoje como em qualquer outro momento da História dos últimos vinte séculos" — escreveu Tomás Alfaro —, "se encontrarmos um grupo de pessoas miseráveis, abandonadas por todos, marginalizadas pela sociedade, com quem ninguém quer estar nem ao menos uma hora, é quase certo que ao seu lado encontraremos alguém que faz isso precisamente por ser seguidor de Cristo" e desejar ser um bom filho da Igreja.

As Cruzadas

– E que dizer das Cruzadas, que foram guerras de religião promovidas pela Igreja?

Trata-se de um tema complexo, pois as Cruzadas abarcam um período de cerca de duzentos anos. Quando se estuda a sua evolução ao longo desse período, deve-se procurar fazer um juízo de conjunto, mas não se pode dizer que tenham sido guerras de religião. Para já — como escreveu o historiador Franco Cardini —, a palavra "cruzada" é uma expressão moderna que só começou a ser usada sistematicamente no século XVIII. Se antes dessa época a palavra nem existia, isso já indica que o discurso sobre as Cruzadas vem sendo marcado por uma série de generalizações enganosas.

Como acabamos de dizer, as Cruzadas nunca foram guerras de religião: não tinham por fim a conversão forçada ou a supressão dos infiéis. As violências e os excessos praticados no decurso das expedições — que realmente ocorreram e não se pretende ocultá-los — devem ser avaliados tendo em conta a fenomenologia — normal, embora dolorosa — das ações militares da época. As Cruzadas corresponderam a um movimento de peregrinação armado que se firmou lentamente entre os séculos XI e XIII, e que deve ser entendido no contexto do longo encontro entre a Cristandade e o Islã. Foi um encontro que produziu resultados culturais e econômicos muito positivos. Se não tivesse sido assim, como se explicam as frequentes amizades e mesmo as alianças militares que se estabeleceram entre cristãos e muçulmanos nesse período da História?

Para se opor à cavalaria laica do século XII, formada muitas vezes por gente ávida, violenta e amoral, São Bernardo de Claraval propôs a criação de uma nova cavalaria a serviço dos pobres e dos peregrinos. A proposta era revolucionária: uma nova cavalaria composta por monges que renunciassem a qualquer forma de riqueza e de poder pessoal.

Tinha por objetivo pôr-se a serviço dos cristãos ameaçados pelos muçulmanos, recuperar a paz no Ocidente e socorrer os correligionários distantes. Exigia dos seus participantes que renunciassem à disputa e à vingança, que aceitassem a ideia do martírio e que pusessem os seus bens pessoais e a si mesmos à disposição dos outros; que se reconciliassem com o adversário antes da viagem de volta. Era com esse espírito que iriam embarcar, ao longo de meses e anos, numa expedição motivada apenas pelo desejo de *garantir o livre acesso aos Santos Lugares*, onde tantos peregrinos buscavam a memória de Jesus Cristo nos locais que tinham sido o cenário da sua existência terrena.

Prescindindo da maior ou menor categoria humana e espiritual dos participantes, a intenção que os impelia era fundamentalmente de natureza espiritual. Movidos por esse desejo de peregrinação, abandonaram tudo o que tinham e lançaram-se numa aventura em que muitos não só se arruinaram como encontraram a morte. Não se tratou, portanto, de um movimento material disfarçado de espiritualidade, nem de uma guerra santa, mas de um colossal impulso de raízes espirituais que, apesar dos seus enormes defeitos, não retrocedeu ante a perspectiva de consideráveis riscos e perdas materiais.

É preciso dizer que hoje a Igreja Católica incentiva de modo decidido o diálogo religioso e cultural pacífico com o Islã. João Paulo II recordou que "nós, os cristãos, reconhecemos com alegria os valores religiosos que compartilhamos com o Islã. A Igreja olha os muçulmanos com estima, convencida de que a sua fé num Deus transcendente contribui para a construção de uma nova família humana. A adoração ao único Deus, criador de todos, anima-nos a intensificar no futuro o nosso conhecimento recíproco, caminhando juntos pelo caminho da reconciliação. Renunciando a toda a forma de violência como meio de resolver as diferenças, as duas religiões poderão oferecer ao mundo um sinal de esperança".[12]

---

[12] "Queridos amigos, [...] penso que seja possível uma colaboração fecunda entre cristãos e

O escândalo dos abusos sexuais

– *Agora falemos de assuntos mais recentes: o que tem a dizer sobre o escândalo das denúncias de abusos sexuais praticados por sacerdotes, sobretudo nos Estados Unidos?*

Foram acontecimentos muito tristes e lamentáveis, que abalaram seriamente a opinião pública e deram origem a críticas muito duras à Igreja Católica. Apesar de quase todos os casos remontarem a bastantes anos atrás e envolverem apenas uma pequena

---

muçulmanos para, desta forma, contribuirmos para a construção duma sociedade que, sob muitos aspectos, será diferente daquilo que trouxemos conosco do passado. Enquanto pessoas religiosas, podemos, a partir das respectivas convicções, dar um testemunho importante em muitos setores cruciais da vida social" (Bento XVI, *Discurso aos representantes muçulmanos na nunciatura apostólica de Berlim*, 23.09.2011). Sobre todo o tema das Cruzadas, ver Daniel-Rops, *A Igreja das catedrais e das cruzadas*, cap. XI.

percentagem do clero, causaram danos muito graves, em primeiro lugar às vítimas e depois ao bom nome do sacerdócio.

Os bispos também foram acusados de não terem aplicado as medidas que a situação exigia, nem terem adotado atitudes mais firmes para enfrentar o problema. Publicaram-se histórias de sacerdotes culpados de abusos de menores a quem o bispo se limitou a mudar de encargo pastoral ou que foram reintegrados no ministério após um tratamento psicológico que não lhes curou suficientemente as tendências viciadas.

Os meios de comunicação atacaram violentamente a Igreja, mas quase ninguém reparou nas estatísticas gerais de abusos de menores. Chamou-se muito a atenção para umas dezenas de casos protagonizados por sacerdotes ao longo dos últimos vinte ou trinta anos, mas não foi citado o número de casos similares em que o responsável não era um sacerdote. Não se pode esquecer, por exemplo, que só em 2003 houve mais de cem mil casos de abusos sexuais de menores nos Estados Unidos.

É evidente que o abuso sexual de um menor por parte de um sacerdote é uma falta gravíssima, e que se deve fazer de tudo para que isso nunca aconteça; e sem dúvida é preciso tomar medidas drásticas quando acontece. Mas também é fundamental assumir a defesa da imensa maioria de sacerdotes de conduta exemplar que trabalham dia após dia nas suas comunidades e paróquias, atendendo abnegadamente a sua grei. A maioria dos meios de comunicação apresentou os dados e as situações de uma forma acintosa que ofendia a Igreja Católica, além de insultar e difamar todos os bons sacerdotes.

Esse escândalo também fez com que se renovassem os pedidos de abolição do celibato sacerdotal, que para alguns era o causador desses problemas. Tais protestos "esqueciam" que esses tristes casos são proporcionalmente menos frequentes no clero católico do que no clero casado protestante ou entre os outros profissionais que trabalham com menores.

O que esta crise provocou foi o exame muito mais profundo de uma questão bastante debatida anos atrás em certos setores da Hierarquia católica norte-americana, mais ou menos "dissidentes" da doutrina católica oficial. Trata-se do homossexualismo dentro do clero, e da seleção dos candidatos ao sacerdócio.

Antes de mais nada, deve-se ter em conta que a maioria dos casos ocorridos não foram casos de pederastia (transtorno psicológico que faz um adulto abusar sexualmente de uma criança que ainda não chegou à puberdade), mas de abusos com garotos mais crescidos, protagonizados por uma ínfima minoria de sacerdotes homossexuais ativos que se serviram da sua posição e autoridade para abusar de adolescentes.

A comprovação de que quase todas as acusações se referiam a abusos cometidos com rapazes, e não com meninas, indica que os sacerdotes acusados eram sobretudo pessoas com tendências homossexuais. Portanto, o problema não era a pederastia, mas a presença de homossexuais ativos dentro do clero, que revelava claramente haver uma séria deficiência na seleção de candidatos ao sacerdócio e na sua formação em alguns seminários. Um grave erro que se vem procurando corrigir prontamente.[13]

---

13 Em resposta a uma pergunta dos jornalistas no voo para o Reino Unido, a 16.09.2010, Bento XVI teve estas palavras que resumem a atitude da Igreja: "Em primeiro lugar, devo dizer que essas revelações foram para mim um choque, não apenas uma grande tristeza. É difícil compreender como tenha sido possível semelhante perversão do ministério sacerdotal. O sacerdote, no momento da ordenação — preparado durante anos para esse momento —, diz o seu sim a Cristo para ser a sua voz, os seus lábios, a sua mão, e para servir com toda a existência, a fim de que o Bom Pastor, que ama, ajuda e guia para a verdade, esteja presente no mundo. É difícil de compreender como pode um homem que fez e disse isso cair depois nesta

perversão. É uma grande tristeza, e é triste também que a autoridade da Igreja não tenha sido suficientemente vigilante nem rápida, decidida, para tomar as medidas necessárias. Por tudo isto estamos num momento de penitência, de humildade, e de renovada sinceridade [...].

"Parece-me que devemos agora viver precisamente um tempo de penitência, um tempo de humildade, renovar e reaprender uma absoluta sinceridade. Em relação às vítimas, diria, são importantes três aspectos. O primeiro interesse são elas: como podemos reparar, que podemos fazer para ajudar essas pessoas a superar o trauma, a reencontrar a vida, a voltar também a ter confiança na mensagem de Cristo. A primeira prioridade é a Cura e o empenho pelas vítimas com ajudas materiais, psicológicas, espirituais. Em segundo lugar, vem o problema das pessoas culpadas: a justa pena é excluí-las de qualquer possibilidade de contato com os jovens, porque sabemos que se trata de uma doença e a livre vontade não funciona onde há esta doença. Portanto, devemos proteger essas pessoas de si mesmas e encontrar o modo de ajudá-las [...]. O terceiro aspecto é a prevenção na educação, na escolha dos candidatos para o sacerdócio: estar muito atentos para que, na medida das possibilidades humanas, sejam

Não fazer nada para não correr o risco de errar?

– Há gente que pensa que a Igreja deveria reduzir a sua atuação, para evitar o perigo de cometer todos esses erros, reais ou supostos, que se têm registado ao longo da História.

É muito fácil atacar a Igreja e fazer troça das páginas mais difíceis da sua história. Não pretendo nestas linhas justificar os erros que ao longo dos séculos muitos cristãos realmente cometeram. Mas às vezes penso que seria necessário dizer aos que acusam a Igreja de ter as mãos sujas que, se eles próprios têm as mãos limpas, talvez seja porque nunca as usaram para nada.

O que a Igreja procura fazer é inserir o fermento sobrenatural do Evangelho numa sociedade que vai mudando a cada época.

---

excluídos casos futuros" (Bento XVI, *A segunda primavera: palavras do Papa no Reino Unido*, Quadrante, São Paulo, 2010, p. 34).

A grandeza da Igreja está em enfrentar as mudanças históricas no transcorrer dos séculos, esforçando-se por introduzir nessa vida cambiante as realidades divinas. Se, para evitar o risco de contaminar a sua pureza, a Igreja renunciasse ao seu propósito de estar presente na sociedade de cada momento, ficaria num simples e estranho empenho abstrato.

Muitos puristas se escandalizam com as atuações da Igreja ou dos católicos, mas não oferecem nenhuma solução para os problemas que deveriam preocupar qualquer pessoa séria; querem agir com toda a segurança, sem correr qualquer risco. Mas a paz que assim se alcançaria só poderia ser a paz dos cemitérios.

A Igreja enfrenta serenamente todos os sarcasmos e oposições, porque deseja acima de tudo cumprir a sua missão entre os homens. Sabe que corre incessantemente o risco de ter a sua mensagem maculada na sua pureza, ao menos segundo as aparências, ao lutar por encarná-la numa História que se vira sem parar contra ela, contra quem quer salvá-la. Mas prefere correr esse risco a encerrar-se esterilmente em si mesma. Prefere e enfrenta esse risco há vinte séculos, porque o seu amor pelos homens a leva a acudir aos pontos mais necessários, mais ameaçados.

Sempre haverá pessoas que se obstinem em ver no cristianismo apenas as deformações que se fizeram dele ao longo da História. Sempre haverá quem relacione a fé cristã com o obscurantismo, com a "tenebrosa Idade das Trevas", com a intolerância, com a pressão sobre as consciências, com o subdesenvolvimento intelectual, com o atraso e com a falta de liberdade. Semelhante imagem foi criada muitas vezes com má intenção, mas às vezes por simples ignorância, e difundida na maioria dos casos por uma mistura de ambas; e talvez proceda das velhas ideias dos tempos do Iluminismo, quando tantos pensavam que o racionalismo ateu tinha conseguido um grande triunfo sobre a fé.

A história da Igreja é uma mistura de triunfos e aparentes fracassos do cristianismo. Isso não é surpreendente, nem é algo que Jesus Cristo não tenha previsto. A parábola do joio semeado entre o trigo mostra claramente que Ele sabia que essas coisas iriam acontecer, e que tudo se passa com a permissão de Deus.

A vida da Igreja na História, assim como a vida do cristão individual — afirma Thomas Merton —, é uma ação que começa e recomeça constantemente; uma história de bons propósitos que acabam em êxitos e em erros — em erros que serão corrigidos, em defeitos que serão sanados, em lições que se aprendem mal e por isso devem reaprender-se uma e outra vez.

Já desde os começos da história cristã houve vacilações e desvios de conduta. Houve até erros graves. Apesar de tudo, ela nunca perdeu o rumo. E o que a mantém no rumo certo não é o poder, nem a sabedoria humana, nem a habilidade política, nem a cautela diplomática. Houve épocas na sua história em que essas coisas chegaram a ser obstáculo e fonte de erros para os líderes cristãos. Mas o que mantém a Igreja e cada cristão no bom caminho é o amor e o cuidado que Deus lhes dedica.

UMA ANTIGA DESCONFIANÇA EM RELAÇÃO À MULHER?

Em quase toda a Europa, a conversão dos povos bárbaros começou pela ação de uma mulher.
RÉGINE PERNOUD

A mulher é inferior?

– Muita gente acha que, apesar de as coisas terem melhorado bastante nos últimos tempos, ainda se notam na Igreja rastos de uma antiga desconfiança em relação à mulher. Até ouvi dizer que a Igreja demorou alguns séculos para reconhecer que as mulheres têm alma.

Antes de mais nada, a Igreja Católica nunca pensou que a mulher não tivesse alma, como a história mostra categoricamente: as santas e as mártires foram veneradas desde os primeiros séculos do cristianismo, glorificadas em todos os templos cristãos, e sempre houve tanto mulheres como homens no catálogo romano de canonizações.

Além disso, é bem sabido que a Igreja Católica venera desde os primeiríssimos tempos uma mulher, a Virgem Maria, como Mãe de Deus e a mais perfeita das criaturas. Como você pode ver, tudo isto é pouco compatível com uma lenda como essa.

– Mas não é verdade, pelo menos, que a Igreja admitiu que a mulher era inferior ao homem por ter sido criada depois, conforme o relato do Gênesis?

Efetivamente, houve pensadores cristãos bastante ridículos que, numa interpretação realmente surpreendente desse relato do Gênesis, chegaram a dizer que a mulher era um ser inferior. Mas a doutrina desses senhores foi condenada pela Igreja. Já dizia Aristóteles que não há no mundo nenhuma ideia absurda que não tenha tido ao menos um filósofo para defendê-la; vê-se que isso se pode aplicar a muitas das afirmações sem pés nem cabeça que se fizeram em torno da teologia católica ao longo dos séculos.

Note-se que, durante os primeiros séculos do cristianismo, os Concílios dedicaram muito tempo a condenar erros. Um deles foi esse. Mas não se pode atribuir à Igreja a culpa pelas aberrações que ela se viu na obrigação de denunciar e condenar. Como dizia André Frossard, isso seria como responsabilizar o Ministro da Justiça por todos os delitos previstos no Código Penal.

– Mas o Apóstolo São Paulo, por exemplo, manda numa das suas Cartas que as mulheres permaneçam caladas nas assembleias.

E com isso demonstra que elas participavam dessas assembleias, coisa inimaginável durante séculos nas nossas modernas e avançadas assembleias parlamentares ocidentais.

Um simples olhar sobre a História permite-nos ver que a discriminação da mulher foi um fenômeno muito estendido ao longo dos séculos. É um fato lamentável. Mas seria injusto dizer que a culpa foi da Igreja. Um exemplo bem ilustrativo desse modo de pensar é o que se passou com o voto das mulheres nas eleições civis das nossas modernas sociedades ocidentais. O pleno direito de sufrágio feminino só começou a ser reconhecido em 1906, com a Finlândia, e chegou aos Estados Unidos em 1920, à Grã-Bretanha em 1928 e à Espanha em 1931. Outros países europeus aprovaram-no ainda mais tarde: a França em 1944, a Itália em 1945, a Bélgica em 1948 e a Suíça em 1971. A mulher foi muito discriminada na história da democracia, mas a culpa não é da democracia, e sim da visão que se tinha da mulher na sociedade.

O mais justo é situar essa recomendação de São Paulo no contexto da mentalidade predominante naqueles tempos. Naquela altura, jamais teria passado pela cabeça de ninguém, judeu ou romano, dar às mulheres o menor protagonismo. A tal ponto que a consideração de que gozaram no Novo Testamento, como acabamos de ver, provocou críticas por parte de numerosos escritores não cristãos durante muito tempo. Por isso, seria mais verdadeiro dizer que as fortes exigências da moral cristã contribuíram para fazer a mulher atingir a igualdade com o homem de que gozam hoje.

Por que a igreja não ordena mulheres?

– E por que não existe o sacerdócio feminino?

Isto foge um pouco dos objetivos deste livro, uma vez que se trata de uma questão teológica e não de um problema de razoabilidade da fé. Mesmo assim, posso dizer-lhe que a Igreja Católica afirma que existe um sacerdócio comum a todos os fiéis — varões e mulheres —, mas o sacerdócio ministerial cabe somente aos varões; isso porque — entre outras razões — a Igreja não considera que a Santa Missa seja uma simples evocação simbólica ou comemorativa, mas a renovação incruenta do sacrifício da Cruz; e como Cristo era um varão e o sacerdote na Santa Missa empresta o seu corpo a Cristo, o natural é que o sacerdote seja um varão.

– *Então as mulheres não têm esse direito?*

O sacerdócio não é um direito: é uma vocação. Jesus Cristo chamou os que Ele mesmo quis (Mc 3, 13), e deve-se ter em conta que Ele não escolheu nenhuma mulher entre os doze Apóstolos. Podia tê-lo feito sem nenhum problema, pois entre os que o seguiam houve sempre algumas mulheres (um grupo delas acompanhou-o até a Cruz, quando todos os Apóstolos já o tinham abandonado, exceto João). E não teria sido nada estranho se o fizesse, pois naquele tempo existiam sacerdotisas em outras religiões.

Por que Jesus Cristo não escolheu nenhuma mulher? Não é fácil saber. Mas o certo é que, quando os Apóstolos designaram os seus sucessores, também não as escolheram, e desde os primeiros tempos a Igreja procedeu dessa forma por fidelidade à vontade fundacional de Jesus Cristo, sem que isso comporte nenhum menosprezo pela mulher.

Por outro lado, a condição de sacerdote não é requisito para alcançar a santidade, nem a ordenação deve ser vista como um prêmio de que se tenha privado as mulheres. O sacerdócio é, acima de tudo, um serviço, e este serviço cabe especificamente aos varões. Aliás, a própria Virgem Maria, que esteve mais do que ninguém associada ao mistério de Jesus Cristo, não foi chamada ao sacerdócio.

A Igreja reconhece a igualdade de direitos do varão e da mulher na Igreja, mas essa igualdade de direitos não implica identidade de funções. Por sua vez, essa diferença de funções não concede ao varão um valor superior ao da mulher, pois os que são grandes na Igreja não são os sacerdotes, mas os santos.

– *Assim as mulheres nunca terão poder na Igreja...*

Se contemplássemos a Igreja unicamente sob a perspectiva do poder, concluiríamos que quem não ocupa nenhum cargo é realmente oprimido. Mas tal abordagem destruiria a Igreja: seria uma visão falsa da sua natureza, pois o seu fim último não é o poder. Não estamos na Igreja para nos associarmos e exercer um poder. Pertencemos à Igreja porque ela nos dá a vida eterna: tudo o mais é secundário.

– *De qualquer modo, essa atitude da Igreja não parece muito feminista...*

Nem o Papa, nem os bispos podem mudar o modo como Cristo se comportou, e é justamente por isso que reconhecem e promovem o papel da mulher, recomendando que as mulheres participem da vida da Igreja sem qualquer discriminação.

"Precisamente porque sou profundamente feminista — dizia a historiadora Régine Pernoud — é que a ordenação de mulheres me parece contrária aos interesses delas próprias. Há nisto o perigo de se consolidar a falsa ideia de que a promoção da mulher significa que ela pode fazer tudo o que os varões fazem, e que agir exatamente como eles é para elas um progresso.
"O Evangelho ensinou que o homem e a mulher possuem igualdade de direitos. Isso era tão contrário à mentalidade da época que os próprios Apóstolos ficaram perplexos quando Cristo anunciou a absoluta reciprocidade de deveres entre marido e mulher.

"Isso torna ainda mais significativa a decisão de Cristo de escolher, entre os homens e as mulheres que o rodeavam, doze homens que haveriam de receber a consagração eucarística durante a Última Ceia no cenáculo de Jerusalém. Observemos que, nessa mesma sala, as mulheres estavam misturadas com os homens no momento em que o Espírito Santo irrompeu sobre todos eles no dia de Pentecostes. Em vez de reivindicar o ministério sacerdotal para as mulheres, não seria melhor recordar que o que Cristo pediu às mulheres é que fossem portadoras da salvação?

"No início do Evangelho encontra-se o sim de uma mulher, e no seu final são novamente as mulheres que se apressam a ir acordar os Apóstolos e comunicar-lhes a notícia da Ressurreição. As mulheres são convidadas a transmitir a palavra: existem místicas, teólogas e Doutoras da Igreja. Em quase toda a

Europa, a conversão de um povo começou com uma mulher: Clotilde, na França; Berta, na Inglaterra; Olga, na Rússia... Isso sem falar de Teodósia na Espanha e de Teodelinda na Lombardia. Mas é aos varões que se pede o serviço sacerdotal.

Hoje, veem-se muitas mulheres assumirem diversas tarefas de ensino religioso ou teológico".

QUAL A CONTRIBUIÇÃO DO CRISTIANISMO PARA A HISTÓRIA DA HUMANIDADE?

> *A História é útil não tanto pelo que nos diz do passado, mas pelo que nela se lê acerca do futuro.*
> J.B. SAY

Os primeiros cristãos

Os primeiros anos do cristianismo não poderiam ter sido piores, do ponto de vista das dificuldades exteriores. Os cristãos sofreram desde o primeiro momento uma forte perseguição por parte do judaísmo. Apesar disso, menos de vinte anos após a morte de Cristo, o cristianismo já estava arraigado e contava com comunidades em cidades tão importantes como Atenas, Corinto, Éfeso, Colossos, Tessalônica, Filipos e na própria capital do Império, Roma.

Não há dúvida de que não se podia atribuir essa expansão à simpatia do Império Romano. Para dizer a verdade, as pretensões, a escala de valores e a conduta dos cristãos eram, para os romanos, mais incômodas do que para os judeus. O cristianismo não apenas eliminava as barreiras étnicas, que eram tão marcantes, como também tinha uma extraordinária consideração pelas mulheres, preocupava-se com os débeis, com os marginalizados, com os abandonados, ou seja, com todos aqueles por quem o Império não sentia a menor preocupação.

– *Isto que diz não é um pouco exagerado?*

O Império Romano deixou-nos um legado extraordinário, sem dúvida, mas a sua grandeza — como diz Cesar Vidal — não deve esconder o fato de ter sido a firme encarnação da supremacia dos homens sobre as mulheres, dos livres sobre os escravos, do povo romano sobre os outros povos, dos fortes sobre os fracos. Por isso, não nos deve estranhar que Nietzsche visse no Império Romano o paradigma da sua filosofia do "super-homem".

Em oposição às normas sociais desse Império, o cristianismo pregava um Deus perante o qual já não era possível manter a discriminação que oprimia as mulheres, o culto à violência que se manifestava nos combates de gladiadores, a prática do aborto, o infanticídio, a justificação da infidelidade conjugal, o abandono dos desamparados etc.

Ao longo de três séculos, o Império desencadeou toda uma série de perseguições contra os cristãos, cada vez mais violentas, com o propósito de exterminar a nova fé. Mas no final quem se impôs foi o cristianismo, que pregava o amor: um amor como jamais se vira entre os pagãos — como o próprio Juliano, o Apóstata, reconheceu —, e que proporcionava dignidade e sentido da vida a todos, mesmo aos que não recebiam de ninguém o menor sinal de respeito.

A IGREJA E AS INVASÕES BÁRBARAS

Com as invasões bárbaras, que em 476 derrubaram o Império Romano do Ocidente, parte do mundo sofreu um completo colapso. Nesse ambiente, o cristianismo — especialmente através dos mosteiros — conseguiu preservar a cultura clássica e salvaguardar eficazmente os valores cristãos, incentivando a arte, o espírito de trabalho, a defesa dos mais fracos e a prática da caridade. O esforço missionário levou cultura e civilização aos povos invasores, e estes, a médio prazo, também se converteram ao cristianismo, tal como antes tinha ocorrido no Império Romano.

Nos séculos imediatamente posteriores, o cristianismo foi um fator decisivo na preservação da cultura, na popularização da educação, na promulgação de leis de justiça social e na articulação dos princípios de legitimidade política. Mais tarde, porém, a Europa foi invadida por outros povos — os *vikings*, os magiares e outros — e grande parte do que tinha sido construído ficou reduzido a pó. Mas os inimigos dos povos cristãos — apesar de serem mais fortes e poderem impor a sua vontade sem necessidade de pactos — acabaram por ceder à enorme força espiritual que o cristianismo demonstrou mais uma vez, e assimilaram-no nos seus territórios, que por volta do ano 1000 se estendiam das Ilhas Britânicas ao Volga.

Luzes e sombras

As sociedades que surgiram após aceitarem o cristianismo não chegaram a assimilar todos os princípios da nova fé. Eram reinos ainda sustentados em boa parte pela força militar com que tinham alcançado as suas conquistas e resistido às invasões.

Contudo, a influência que o cristianismo exerceu sobre eles mostrou-se fecunda: a arbitrariedade guerreira dos bárbaros foi pouco a pouco sendo substituída pelo princípio da legitimidade do poder, e a violência suavizou-se mediante a implantação das primeiras normas do direito de guerra — a "Paz de Deus" e a "Trégua de Deus". Além disso, foram retomadas as iniciativas de proteção e assistência aos mais fracos e indefesos, juntamente com o esforço por desenvolver as artes e a educação. Desse modo, o cristianismo, além de acolher a cultura dos outros povos, fez surgir um novo sistema de pensamento — a Escolástica — e abriu as primeiras Universidades.

Também as principais legislações de caráter social receberam um grande impulso, graças à preocupação cristã demonstrada por pessoas como Lorde Shaftesbury (autor de leis que melhoraram as condições de trabalho nas minas e nas fábricas), Elizabeth Fry (que introduziu importantes medidas humanitárias nas prisões) e muitos outros homens e mulheres que souberam superar os condicionalismos da sua época e promover reformas decisivas para humanizar a sociedade.

É verdade que houve também páginas tristes e obscuras na história da fé desses povos cristãos, e que em alguns momentos se cometeram erros graves. Mas é inegável que, no decurso da sua história multissecular, o cristianismo obteve grandes êxitos educativos e assistenciais, além de facilitar o desenvolvimento econômico, científico, cultural, artístico e mesmo político. Causas como a defesa dos índios, a luta contra a escravidão, as primeiras leis sociais contemporâneas ou a denúncia do totalitarismo, dificilmente teriam sido iniciadas sem o impulso cristão.

A chaga dos totalitarismos

Por isso, não nos deve surpreender que no século XX, com o declínio da influência da fé cristã na vida social, tenha havido mais prisões, torturas e execuções do que em qualquer outro período da História, nem uma retomada das perseguições anticristãs: é o período da História em que houve mais mártires.

É provável que as próximas gerações tenham certa dificuldade em acreditar que por mais de setenta anos a maior parte do mundo esteve sob o controle de uma devastadora doutrina chamada comunismo, que ao espalhar-se levou centenas de milhões de seres humanos à escravidão e à morte. Atualmente, esse sistema está morto e sepultado, uma vez que o seu falso dogmatismo econômico se mostrou um fracasso. Mas às vezes passa-se por alto que a causa mais profunda da sua ruína foi o desprezo pelo ser humano, a subordinação de toda a moral aos seus falsos dogmas e a promessa de um suposto futuro melhor.

Mas, além desse, houve outro fenômeno totalitário que afligiu a humanidade no século XX e que também considerou o cristianismo como um inimigo a ser eliminado. Foi o neopaganismo niilista de Nietzsche. Se a doutrina de Marx é um exemplo paradigmático das teses abstrusas que seriam postas em prática ao pé da letra por figuras como Lênin, Stalin ou Mao Tsé-Tung, não é menos verdade que Nietzsche lançou uma cosmovisão niilista e anticristã que depois se cristalizaria no fascismo e no nazismo.

– Há uma relação tão direta assim entre as ideias de Nietzsche e o nazifascismo?

Para Nietzsche, o conceito de "bom" identificava-se com o de pertença à classe superior. O "mau" correspondia à plebe, ao vulgo, à classe inferior. A essa moral aristocrática — a moral dos poderosos, dos fortes —, contrapunha-se a moral da plebe, dos fracos. Esse pensador alemão afirmava que a moral se corrompeu quando deixou de ser definida pelos senhores e foi posta a serviço das reivindicações dos servos, coisa que aconteceu principalmente por ação dos judeus e do cristianismo.

Perante essa situação, propôs a rebelião das raças nórdicas — a elite —, para que implantassem a superioridade de um núcleo que dominasse toda a sociedade, sem o freio de qualquer sentimento de culpa, sem o reconhecimento da menor verdade objetiva, e pelo exercício da crueldade sobre os inferiores. Para conseguir esse objetivo, era necessário que as raças germânicas aniquilassem os judeus e os cristãos. Tais medidas permitiriam inaugurar uma sociedade elitista, baseada na desigualdade e na hierarquia, nos moldes do milenar sistema ariano de castas vigente na Índia. Numa sociedade assim, os medíocres seriam enganados e mantidos numa ignorância feliz, da qual o cristianismo não deveria tirá-los.

As ideias apregoadas pelo filósofo alemão tiveram sérias repercussões políticas, especialmente a partir dos inícios do século XX. O fascismo de Mussolini — que desafiava Deus a fulminá-lo com um raio no prazo de cinco minutos — e sobretudo o nazismo de Hitler construíram-se em boa medida sobre a nova moral de uma minoria forte, violenta e audaz, que se impunha sobre uma massa enganada. Nesse sentido, as afirmações ideológicas de Nietzsche e as câmaras de gás de Auschwitz estão unidas por uma linha reta.

O cristianismo sobreviveu no século XX às duas terríveis ameaças que puseram em perigo todo o gênero humano. Ambas negavam a existência de princípios morais superiores que lhes limitassem o poder ou fossem obstáculo para a consecução das metas que pretendiam atingir a qualquer custo. Ambas consideravam legítimo o extermínio social, econômico e físico de todos os seus inimigos, fossem eles burgueses, judeus ou doentes. Ambas tinham perfeita consciência de que o cristianismo era diametralmente oposto à sua ideologia e se interpunha como um muro diante das suas aspirações. Ambas tentaram aniquilá-lo como um perigoso adversário.

Tanto a ditadura de Hitler como a de Stalin baseavam-se precisamente na rejeição da herança cristã da sociedade. Montadas sobre um enorme orgulho que não queria submeter-se a Deus, pretendiam criar elas mesmas um homem melhor, um homem novo, e transformar o mundo mau de Deus no mundo bom construído sobre o dogmatismo das suas próprias ideologias.

Fazendo o balanço

Sem dúvida alguma, a contribuição que o cristianismo deu à cultura ocidental nos seus dois mil anos de existência foi enorme. Para fazermos uma ideia da sua extraordinária importância, imaginemos como o mundo teria sido sem ele, ou examinemos os resultados obtidos por outras culturas.

Um mundo em que a única opção tivesse sido continuar a herança clássica teria desembocado numa sociedade onde só seriam protagonistas os fortes e os violentos; e que mesmo assim teria sido completamente destruída pelo ataque dos bárbaros. Depois, os reinos bárbaros teriam lutado entre si durante vários séculos, até serem finalmente arrasados por novas ondas de invasões, incluída a árabe, supondo que esta se teria dado sem o islamismo cuja existência pressupõe a do cristianismo.

Durante os séculos que hoje conhecemos por Idade Média, a Europa teria sido palco de contínuas ondas de invasores, sem excluir a dos mongóis, já que não haveria a Rússia para contê-los. Delas não teria restado nada de duradouro, como não restou em outros contextos culturais. Já não haveria cultura clássica, nem teriam surgido as Universidades e o pensamento científico, como realmente não apareceram em outras culturas. Além disso, sem os valores cristãos ter-se-iam perpetuado a escravidão, as arbitrariedades do poder político, o anquilosamento da educação em mãos de uma pequena casta de privilegiados etc. Até hoje se observam fenômenos como esses em algumas nações não cristãs.

Hoje sabemos que o modelo democrático de governo procede das constituições monásticas, que com os seus Capítulos e votações plasmaram a primeira forma política do ideal de direitos iguais para todos. É verdade que a antiga democracia grega forneceu alguns dos elementos centrais desse novo modelo, mas na sociedade helênica tratava-se apenas de um costume: a única coisa que se considerava sagrada era o culto aos deuses. Já na democracia cristã da época moderna, a fé afirma que os próprios direitos de cada votante são sagrados, o que lhes garante uma proteção contra a ditadura das maiorias. É de sublinhar que as duas primeiras democracias — a norte-americana e a inglesa — se basearam numa concordância em torno de valores que procedem da fé cristã, e que qualquer democracia só funciona quando existe um acordo fundamental sobre esses valores.

Basta olhar para as culturas informadas pelo islamismo, pelo budismo, pelo hinduísmo ou pelo animismo — onde muitas condutas degradantes para o ser humano ainda são consideradas legítimas —, para intuir o que poderia ter sido o mundo sem a influência civilizadora do cristianismo. Isso sem levar em conta que mesmo essas culturas alheias ao cristianismo se beneficiam ou podem beneficiar-se hoje de elementos derivados da influência cristã na cultura ocidental, desde o progresso científico até a assistência social, para citar apenas dois exemplos.

No século passado, o abandono de alguns dos princípios básicos de origem cristã — especialmente nos regimes incubados pelo marxismo e pelo nazifascismo — provocou situações de uma barbárie sem precedentes, mostrando uma vez mais o risco que se corre quando se tenta construir o futuro sobre outras bases.

É verdade que houve várias ocasiões em que a conduta dos cristãos deixou bastante a desejar do ponto de vista da vivência da fé que professavam. Mas a influência humanizante e civilizadora da fé cristã não tem equivalente em nenhuma outra ao longo da História universal. Sem a fé cristã, o caminho da humanidade estaria sulcado de violências, guerras, destruição, calamidades e sofrimento. Com ela, o grande drama da condição humana fez-se acompanhar de progresso, justiça, compaixão e cultura.[14]

---

14 Sobre todo este tema, veja-se Thomas Woods, Jr., *Como a Igreja Católica construiu a civilização ocidental*.

Direção geral
Renata Ferlin Sugai

Direção de aquisição
Hugo Langone

Produção editorial
Juliana Amato
Gabriela Haeitmann
Karine Santos
Ronaldo Vasconcelos
Roberto Martins

Capa e diagramação
Karine Santos

ESTE LIVRO ACABOU DE SE IMPRIMIR
A 15 DE AGOSTO DE 2024,
EM PAPEL OFFSET 75 g/m².